VOCABULÁRIO DE ESPINOSA

VOCABULÁRIO DE ESPINOSA

Charles Ramond
Professor da Universidade Michel de Montaigne Bordeaux III

Tradução
CLAUDIA BERLINER
Revisão técnica
HOMERO SANTIAGO

wmf **martinsfontes**
SÃO PAULO 2019

Esta obra foi publicada originalmente em francês com o título
LE VOCABULAIRE DE SPINOZA
por Les Éditions Ellipses, Paris
Copyright © Ellipses/Édition Marketing, França
Copyright © 2010, Editora WMF Martins Fontes Ltda.,
São Paulo, para a presente edição.

1ª edição 2010
2ª tiragem 2019

Tradução
CLAUDIA BERLINER

Revisão técnica
Homero Santiago
Acompanhamento editorial
Luzia Aparecida dos Santos
Revisões gráficas
Maria Fernanda Alvares
Helena Guimarães Bittencourt
Luzia Aparecida dos Santos
Edição de arte
Katia Harumi Terasaka
Produção gráfica
Geraldo Alves
Paginação
Moacir Katsumi Matsusaki

Dados Internacionais de Catalogação na Publicação (CIP)
(Câmara Brasileira do Livro, SP, Brasil)

Charles, Ramond
  Vocabulário de Espinosa / Ramond Charles ; tradução Claudia Berliner ; revisão técnica Homero Santiago. – São Paulo : Editora WMF Martins Fontes, 2010. (Coleção vocabulário dos filósofos)

  Título original: Le vocabulaire de Spinoza.
  ISBN 978-85-7827-188-6

  1. Spinoza, Benedictus de, 1632-1677 – Glossários, vocabulários, etc. I. Título.

09-09250   CDD-199.492

Índices para catálogo sistemático:
1. Filosofia holandesa : Glossário   199.492

Todos os direitos desta edição reservados à
Editora WMF Martins Fontes Ltda.
Rua Prof. Laerte Ramos de Carvalho, 133 01325-030 São Paulo SP Brasil
Tel. (11) 3293.8150 e-mail: info@wmfmartinsfontes.com.br
http://www.wmfmartinsfontes.com.br

Uma filosofia exposta "à maneira dos geômetras" fornece ela própria as definições de seus principais conceitos. O *Vocabulário de Espinosa* que aqui apresentaremos ao leitor é, contudo, algo bem diverso de um mero levantamento. Espinosa nem sempre define os termos que emprega; e às vezes os emprega em vários sentidos. Estudar o vocabulário de Espinosa é, pois, um gesto um pouco desrespeitoso, verificação desconfiada mais que recitação dócil; mas também um gesto muito respeitoso, respeitoso da menor frase efetivamente escrita pelo filósofo, da menor palavra, do menor adjetivo, até o gênero, até o número. Aliás, esse respeito desrespeitoso na atenção aos detalhes, que faz a doutrina viver na sua interpretação, não foi o próprio Espinosa quem no-lo ensinou, na sua paciente e impaciente leitura das Escrituras?

ABREVIAÇÕES

BT	*Breve tratado*
	(*BT* II 3 = *Breve tratado*, parte II, capítulo 3)
C	*Cartas*
E	*Ética*
	(*E* III 2 = *Ética*, terceira parte, proposição 2)
PFD	*Princípios da filosofia de Descartes*
PM	*Pensamentos metafísicos*
TEI	*Tratado da emenda do intelecto*
TP	*Tratado político*
TTP	*Tratado teológico-político*
apênd.	apêndice
ax.	axioma
cap.	capítulo
cor.	corolário
def.	definição
dem.	demonstração
esc.	escólio
expl.	explicação
ger.	geral
pref.	prefácio

Quando não for feito nenhum esclarecimento, trata-se da *Ética* (III 2 = *Ética*, terceira parte, proposição 2).

Absoluto(a), absolutamente
Lat.: A*bsolutus, absolute* – Fr.: *Absolu(e), absolument*

* O espinosismo não é uma filosofia do "absoluto", mas sim do "absolutamente". De fato, o termo "absoluto", adjetivo ou advérbio, jamais substantivo, nele aparece sempre em posição subordinada ou segunda com relação às noções centrais do sistema, que ele contribui para determinar e precisar.

** *Advérbio*, "absolutamente" é em geral subordinado ao adjetivo "infinito" em posição de atributo. Assim, Deus é definido (I *def.*[1] 6), antes, como "ser absolutamente infinito" <*absolute infinitum*> do que como "infinito em seu gênero" (ver também I 13: "substância absolutamente infinita"). Espinosa respeita o uso corrente: "absolutamente infinito" se opõe a "infinito em seu gênero" assim como "infinito em todos os domínios" se oporia a "infinito num domínio particular". Em termos espinosistas: "ao que é infinito somente em seu gênero podem negar-se-lhe infinitos atributos, ao passo que, ao que é absolutamente infinito, pertence à sua essência tudo o que exprime uma essência e não envolve negação alguma" (I *def.* 6 *expl.*). "Absolutamente" significa, pois, "completamente", "totalmente" (V 23), "sem restrição" (I 11 *esc.*) e, por vezes, de modo elíptico, "absolutamente falando" (I 16 *cor.* 3, I 25 *esc.*, V 41). Os empregos do *adjetivo* "absoluto" também seguem o uso, seja para integrar certas noções à doutrina: "afirmação absoluta" (I 8 *esc.* 1), "pensamento absoluto" (*absoluta cogitatio*, I 21 *dem.*), "potência" (*potentia*) e "poder" (*potestas*) absolutos (III *pref.*, IV *apênd.* 32), seja para criticar ou rejeitar outras: "vontade absoluta" (I 17, II 48: "ou livre"), "império absoluto" sobre os afetos (*imperium absolutum* III *pref.*, V *pref.* – expressão que reencontraremos no sentido totalmente diferente de "Estado absoluto", ou "regime absoluto", para qualificar a democracia, no cap. 11 do *Tratado político*). Contudo, o adjetivo "absoluto" é mais frequentemente aposto ao termo "natureza": os "modos infinitos", por exemplo, são sobretudo designados como "tudo o que resulta da *natureza absoluta* de um atributo de Deus" (I 21, 23 e *dem.*, 28 *dem.*). Mas, não sendo a "natureza absoluta" de um atributo de Deus nada mais que a própria natureza de Deus (I *def.* 4), ambas se veem explicitadas pela fórmula de I *apênd.*: "a natureza absoluta de Deus, isto é <*sive*>, sua potência infinita". A "natureza absoluta" de uma coisa é, portanto, sua essência considerada em si mesma – a essência da essência, poder-se-ia dizer –, como indica II 34 a respeito da ideia verdadeira: "toda ideia que é *absoluta* em nós, isto é, adequada e perfeita, é verdadeira".

*** "Absoluto", segundo a etimologia, significa "desatado", "sem relação" (é o contrário do "relativo"), portanto "autônomo", "autossuficiente". Em certo sentido, essas são as características do Deus de Espinosa (sem exterioridade), bem como da ideia adequada ou verdadeira (norma de si própria). Inversamente, pode-se ler, tanto na imanência como na adequação (isto é, no próprio processo racional) a necessidade da ligação, da relação: o absoluto evoca, então, o completo, o acabado, o perfeito.

1. Ver *Abreviações* na p. 7.

Absurdo
Lat.: *Absurdus* – Fr.: *Absurde*

* "Certas coisas que existem na natureza [...] outrora me pareceram vãs, sem ordem, absurdas" (*quaedam naturae* [...] *mihi antea vana, inordinata, absurda videbantur* – *Carta* 30 a Oldenburg, 1665).

** Essa declaração de Espinosa faz parte dos inúmeros traços da angústia existencial real a partir da qual, e contra a qual, edificou-se a doutrina da *Ética*. As primeiras páginas do *TEI* evocam, por exemplo, com suprema insistência, as incertezas quase mortais do jovem Espinosa sobre a natureza dos bens a procurar: "via-me, de fato, num perigo extremo <*in summo periculo*> e obrigado a buscar com todas as forças um remédio, ainda que incerto; como um doente que sofre de uma enfermidade letal <*veluti aeger lethali morbo laborans*>, prevendo a morte certa <*mortem certam*> se não aplicar determinado remédio, é obrigado a procurá-lo, ainda que incerto, com todas as forças, pois que nele está toda a sua esperança <*nempe in eo* *tota ejus spes est sita*>". Um mundo absurdo seria um mundo "sem ordem", ou seja, um mundo no qual as combinações quiméricas se tornassem possíveis. Tal possibilidade jamais cessou de preocupar Espinosa, exprimindo-se na forma de exemplos divertidos (*TEI* § 34: "elefante passando pelo buraco de uma agulha"; § 38: "mosca infinita", "alma quadrada"; § 40: "cadáveres passeando"; *E* I 8 *esc.* 2: "homens que nascem de pedras", "árvores falantes"; *TP* IV 4: "mesas" que "comem grama"), ou de traços de humor particularmente negro: "afirmo-o então[...]: se um certo homem vê que pode viver mais comodamente pendurado na forca do que sentado à sua mesa, agiria como insensato se não se enforcasse" (*Carta* 23 a Blyenbergh, 13 de março de 1665).

*** Desse ponto de vista, o sistema espinosista da necessidade e da ordem racional da natureza não corresponderia a uma intuição fundamental, mas seria, antes, a solução constantemente renovada para um problema gerado pelo próprio sistema: se todos os graus de potência se realizam na natureza, como quer a doutrina, e se existem apenas coisas singulares e não realidades gerais, torna-se difícil separar as espécies umas das outras e, portanto, recusar as combinações mais absurdas à primeira vista – outro nome do caos.

Acompanhar
Lat.: *Concomitor* – Fr.: *Accompagner*

* O verbo "acompanhar" está intimamente ligado à exposição espinosista da doutrina dos afetos: "O amor é uma alegria *acompanhada* da ideia de uma causa exterior" e "o ódio é uma tristeza *acompanhada* da ideia de uma causa exterior" <*concomitante ideâ causae externae*> (III 13 *esc.*). Espinosa não define explicitamente o termo "acompanhar", mas, em III *apênd.* 6 *expl.*, insiste no fato de que esse "acompanhamento" de uma alegria pela "ideia de uma causa exterior" dá a "essência do amor", contrariamente às outras definições (notadamente à de Descartes: "vontade do amante de se juntar à coisa amada"), que daria apenas "propriedades" dele.

** Sou amado por quem sente uma alegria *acompanhada* da ideia de mim (III 33 *dem.*), e, porquanto "não pode haver tristeza *acompanhada* da ideia de Deus", segue-se que "ninguém pode ter ódio a Deus" (ver V 18 e *dem.*): a "alegria" "*acompanhada* da ideia de uma causa interior" (e não mais "exterior") é a "glória" <*gloria*> (ver também III *apênd.* 30) ou o "consentimento interior" <*acquiescentia in se ipso*>, ao passo que a "tristeza" *acompanhada* da ideia de uma causa interior é a "vergonha" <*pudor*> (ver também III *apênd.* 31), ou o "arrependimento" <*poenitentia*> (III 30 *esc.*; ver também III 51 *esc.* e III *apênd.* 27). O "ciúme" <*zelotypia*> é uma "vacilação do coração <*fluctuatio animi*> decorrente do amor e do ódio juntos, *acompanhada* da ideia de um outro de quem se tem inveja" (III 35 *esc.*); a "humildade" <*humilitas*> é "uma tristeza *acompanhada* da ideia de nossa fraqueza" <*idea nostrae imbecillitatis*> (III 55 *esc.*). A "inclinação" <*propensio*> é "uma alegria *acompanhada* da ideia de uma coisa que, por acidente, é causa de alegria" (III *apênd.* 8); simetricamente, a "aversão" <*aversio*> é "uma tristeza *acompanhada* da ideia de uma coisa que, por acidente, é causa de tristeza" (III *apênd.* 9). O "contentamento" <*gaudium*> é "uma alegria *acompanhada* da ideia de uma coisa passada que sucedeu inesperadamente", e, simetricamente, o "remorso de consciência" <*conscientiae morsus*> é "uma tristeza *acompanhada* da ideia de uma coisa passada que sucedeu inesperadamente" (III *apênd.* 16 e 17). A "piedade" <*commiseratio*> é "uma tristeza *acompanhada* da ideia de um mal ocorrido a outro que imaginamos semelhante a nós" (III *apênd.* 18). Como, enfim, "o dinheiro" <*pecunia*> "veio trazer um resumo de todas as coisas", não espantará que os homens "não consigam, por assim dizer, imaginar nenhuma espécie de alegria que não esteja *acompanhada* da ideia das moedas como causa" <*nisi concomitante nummorum ideâ*> (IV *apênd.* 28).

*** Embora, no amor, a ideia de uma causa exterior "*acompanhe*" a alegria, nem por isso se "*junta*" a ela (pois, na noção de "junção" em Espinosa, há sempre a ideia de uma adição, de uma composição e, portanto, de uma confusão possíveis entre as coisas juntas – ver, por exemplo, V 13), e tampouco é sua "*causa*": com efeito, Espinosa distingue muito nitidamente a relação de causalidade da relação de acompanhamento, como se pode ver em V 35 *dem.*, onde Deus "se rejubila na infinita perfeição, com *acompanhamento* da ideia de si <*concomitante ideâ sui*>, isto é, [...] da ideia *de sua causa*" – "a ideia de si como causa" podendo, pois, "acompanhar" o júbilo de si de Deus, mas, precisamente, sem ser ela mesma a "causa" de tal satisfação. Nas proposições V 32 a 36, vê-se o termo "acompanhar" associado à saída da afetividade no "amor intelectual a Deus": com efeito, este último pode muito bem ser definido formalmente como uma "alegria" *acompanhada* de uma certa "ideia", "ideia" esta que não pode ser "exterior" (pois nada é "exterior" a Deus), assim como essa "alegria" não pode ser um "afeto" (pois Deus não experimenta afetos). O desaparecimento simultâneo, no "amor intelectual a Deus", das noções "de ideia exterior" e "de afetividade" nem por isso faz desaparecer a noção de "acompanhamento", que se mantém até as últimas páginas da *Ética*. Se, de fato, "Deus ama a si próprio com um amor intelectual infinito" (V 35), é sempre "com o *acompanhamento* da ideia de si como causa". Mas esse "acompanhamento" é necessário na medida em que, em Deus, há necessariamente uma ideia tanto de sua essência quanto de tudo o que resulta necessariamente de sua essência" (II 3, citado por Espinosa em V 35 *dem.*). Logo, a noção de "acompanhamento" não é, em Deus, outra coisa senão um dos nomes do "paralelismo"; de modo que, referida à afetividade humana que ela qualifica principalmente, a noção de "acompanhamento" poderia ser concebida como uma forma de paralelismo (e, portanto, de cisão) intra-afetivos – as variações de nossa "potência de agir" vindo *acompanhadas* de "ideias" que não seriam nem as causas nem as consequências dessas variações, embora fôssemos quase inevitavelmente impelidos a considerá-las como tais.

Adequada, inadequada
Lat.: *Adaequata, inadaequata* – Fr.: *Adéquate, inadéquate*

* Os adjetivos "adequada" e "inadequada" são empregados por Espinosa, sempre no feminino, para caracterizar uma "ideia" (*idea*) ou um "conhecimento" (*cognitio*). "Adequada" tem uma extensão maior e pode caracterizar, ademais, uma "proporcionalidade" (*TEI* § 16), uma "essência" (*TEI* § 25), uma "causa" (III *def.* 1, IV 4, V 31 *dem*.: "adequada ou formal") e uma "propriedade" (IV 62 *dem*.). A ideia adequada é definida em II *def.* 4: "por ideia adequada, entendo uma ideia que, se considerada em si sem relação com o objeto, tem todas as propriedades ou denominações intrínsecas da ideia verdadeira". Espinosa esclarece imediatamente: "digo intrínsecas, para excluir aquela que é extrínseca, a saber, a concordância da ideia com aquilo de que ela é a ideia" (II *def.* 4 *expl.*).

** A doutrina espinosista da "adequação" (termo usualmente empregado, embora não se encontre em Espinosa o substantivo *adaequatio*) só pode ser entendida na perspectiva do paralelismo. Assim como ele recusa toda interação entre alma e corpo (III 2 e *esc.*), apesar de a alma ser a ideia do corpo (II 13), Espinosa faz esforço (é o próprio gesto da definição da adequação) para separar a ideia verdadeira daquilo de que ela é a ideia, em outras palavras, de seu "ideado" (*ideatum*). Não se trata de negar que toda ideia seja "ideia de" (ideia de um corpo ou ideia de uma outra ideia), mas de se interessar pelo que, na ideia, não é "ideia de": portanto, do ponto de vista da adequação, irá se considerar a ideia em si mesma ("intrinsecamente"), ao passo que, do ponto de vista da verdade, ela irá ser considerada como referida a seu ideado ("extrinsecamente": I *def.* 6: "a ideia verdadeira deve concordar com seu ideado"; ver também *Carta* 60, começo). Portanto, na história da filosofia, a adequação é uma tentativa muito original de constituir a objetividade sem referir primeiro o pensamento a objetos: por isso é que a ideia adequada é a ideia que temos "enquanto Deus constitui a essência de nossa alma" (II 11 *cor.*, II 34 ss.), ou seja, enquanto nos atemos estritamente ao plano do atributo Pensamento. A primeira dificuldade da teoria espinosista da adequação é que, às vezes, Espinosa declara sinônimos "verdadeiro" e "adequado" (*TEI* § 41 fim, *E* II 34); e que as célebres fórmulas mediante as quais ele caracteriza o verdadeiro ou a verdade insistem precisamente no caráter "intrínseco" e não "extrínseco" da ideia verdadeira ("o verdadeiro é marca dele mesmo e do falso" <verum index sui, et falsi> – Carta 76; "a verdade é norma dela mesma e do falso" <veritas norma sui, et falsi est> – E II 43 esc.), tornando assim impossível a distinção entre a ideia verdadeira e a ideia adequada. Se desconsideramos essa questão de vocabulário e nos empenhamos em compreender a natureza exata desse caráter "intrínseco" que possibilitaria reconhecer, entre todas, as ideias adequadas (ou verdadeiras), ou seja, a própria filosofia, descobrimos – segunda dificuldade – um surpreendente paradoxo. De fato, no *Tratado da emenda do intelecto*, quase todo dedicado à elucidação dessa questão precisa, Espinosa chega à conclusão de que o que distingue fundamentalmente as ideias verdadeiras, ou adequadas, das falsas é a capacidade de se ligar umas às outras com sucesso num bom raciocínio, autoconfirmativo (§ 29), ou numa boa definição (§ 42: a esfera), de tal sorte que a ideia falsa ou inadequada se revela sempre infecunda ou isolada. O caráter "intrínseco" que torna possível distinguir as ideias verdadeiras ou adequadas é, portanto, a aptidão particular delas de se ligarem e de se produzirem umas às outras: uma aptidão interior, portanto, à exterioridade (contanto, claro, que essa exterioridade seja a de uma ideia-causa ou de uma ideia-consequência, e não a de um ideado, objeto ou ideia-modelo).

*** Como muitos outros aspectos do sistema de Espinosa, a adequação está, pois, em oposição com as teses de Descartes, preocupado sobretudo em demonstrar a existência de Deus, em comparar os respectivos "graus de realidade" das ideias e de seus ideados (*Terceira Meditação*). Tais comparações, centrais nos primeiros escritos de Espinosa, ainda aparecem em importantes passagens da *Ética* (II 13 esc., III def. ger. af.[1] expl.), mas já não são responsáveis pelo desenvolvimento demonstrativo. Portanto, em Espinosa, a doutrina da adequação tende progressivamente a se conciliar em profundidade com a da univocidade do ser.

---

1. *af.* designa o termo afeto.

Afecção
Lat.: *Affectio* – Fr.: *Affection*

* Os termos "afeto" <*affectus*> e "afecção" <*affectio*> designam, no espinosismo, realidades a um só tempo distintas e ligadas. "Afecção" e "modo" são definidos simultaneamente em I *def*. 5: "entendo por *modo* <*per modum*> as *afecções* de uma substância <*substantiae affectiones*>, em outras palavras, o que é em outra coisa e também é concebido por essa outra coisa". Assim definidos, a afecção e o modo caracterizam-se fundamentalmente como realidades dependentes de outras realidades (são "em outra coisa" e não "em si", como a substância). Mais precisamente, a afecção designa ao mesmo tempo o que determina e o que altera (no sentido de alienar, de "pôr em outra coisa").

** Cumpre distinguir dois casos: as "afecções da substância" e as "afecções das coisas singulares" (ou seja, as afecções das afecções da substância). As afecções da substância correspondem às apresentações ou determinações da substância: nesse sentido, "afecções" é sinônimo de "coisas particulares" ou de "modos": "as coisas particulares nada mais são que afecções dos atributos de Deus, em outras palavras, modos pelos quais os atributos de Deus são expressos de uma maneira precisamente determinada" <*certo et determinato modo*> (I 25 *cor.*). As afecções da Substância são necessariamente ativas, como diz Deleuze, "porque se explicam pela natureza de Deus como causa adequada, e porque Deus não pode padecer". Por isso, embora a Substância seja "anterior em natureza a suas afecções" (I 1), ela jamais se apresenta tal qual, mas sempre por intermédio de suas "afecções": e o próprio sentido do imanentismo espinosista está em não considerar as "afecções" como "aparências" ou "reflexos" ontologicamente degradados ou deficientes, mas sim como "coisas singulares" ou "particulares" que exprimem plenamente a natureza da Substância.

Contudo, o termo *affectio* designa, mais frequentemente, aquilo em que uma coisa particular ou um modo é "afetado", ou seja, "modificado", "alterado" no sentido de "transformado".

Nesse sentido, a afecção é o que acontece a uma coisa singular, ou modo, e ela tem uma dimensão incontestavelmente passiva. Toda coisa singular pode, de direito, ver-se afetada por uma "afecção": Espinosa fala, pois, em III 52 *esc.*, de uma "afecção da alma" e, até, em III *def. af.* 1 *expl.*, de uma "afecção" da "essência do homem", indicando que entende por isso "qualquer estado dessa essência, quer inato ou não, quer se conceba apenas pelo atributo do pensamento ou apenas pelo atributo da extensão ou, enfim, quer se refira ao mesmo tempo a esses dois atributos" – o que indica claramente que a "afecção" é uma modificação qualquer de uma coisa singular qualquer. De fato, contudo, o termo "afecção" caracteriza quase sempre, em Espinosa, o corpo *humano*. As "afecções do corpo humano" são, diz Espinosa, "as imagens das coisas" (II 17 *esc.*; III 27 *dem.*; V 1). Enigmática a princípio, essa determinação da "afecção" como "imagem das coisas" é, após reflexão, muito eloquente: nosso corpo, constantemente submetido à ação das outras coisas, reflete-as, com efeito, em certa medida: esquenta com o calor, fere-se com o que é duro etc. O termo "imagem" indica bem, por conseguinte, tanto a grande receptividade de nosso corpo como a passividade com que sofre as agressões incessantes do mundo exterior, até que esse espelho do mundo seja inevitavelmente destruído pelo próprio mundo (IV *ax.*).

*** A constante bivalência da noção de afecção (ao mesmo tempo coisa singular e alteração de uma coisa singular; ao mesmo tempo ativa como afecção da substância e passiva como alteração deste ou daquele corpo humano) faz, portanto, sistema com a dupla determinação dos afetos (ativos e passivos) e da natureza (útil e nociva), duplas determinações que são também condições de possibilidade da inversão e da liberação éticas.

Afeto
Lat.: *Affectus* – Fr.: *Affect*

* A doutrina dos "afetos" <*affectus*>, objeto explícito da terceira parte da *Ética*, também é desenvolvida nas partes IV e V.

Progressivamente, os tradutores franceses chegaram a um acordo sobre a necessidade de traduzir *affectus* por "afeto" (*affect*, pouco corrente no francês contemporâneo e ausente do francês do século XVII), para marcar bem a diferença (mantendo, todavia, a semelhança) com "afecção" <*affectio*>. Entende-se o termo "afeto" com referência à vida "afetiva": de fato, ele designa o que geralmente se chama "paixão" ou "sentimento": o amor, o ódio etc.

** Os "afetos" são, de fato, primeiramente "paixões", como indica sem ambiguidade III *def. ger. af.* ("o afeto, chamado paixão da alma <*affectus, qui animi pathema dicitur*>, é uma ideia confusa <*est confusa idea*>" etc.); aqui, Espinosa retoma alusivamente de Descartes, palavra por palavra, uma passagem da versão latina original dos *Princípios da filosofia* (parte IV, art. 190: *affectus, sive animi pathemata,* [...] *sunt confusae quaedam cogitationes* etc. – AT VIII – 1 317 24-25). Ora, Descartes é, por excelência, o autor das *Paixões da alma*. O termo empregado por Espinosa na esteira de Descartes é sem dúvida, aqui, *animus*, "coração", de modo que, a rigor, dever-se-ia falar de "paixões do coração" e não de "paixões da alma" (ver II *ax*. 3). Contudo, na sua *definição geral das afecções*, Espinosa toma claramente os termos *animus* (coração) e *mens* (alma) como equivalentes. No entanto, à diferença de Descartes, Espinosa se exprime geralmente em termos de "afetos" e não de "paixões": de fato, como, a seu ver, nem todos os "afetos" são "passivos", nem todos merecem a qualificação de "paixões". Segundo III *def*. 3, Espinosa "entende por *afeto* <*affectus*> as *afecções* <*affectiones*> do corpo mediante as quais a potência de agir desse corpo é aumentada ou diminuída, auxiliada ou reduzida e, ao mesmo tempo, as ideias dessas *afecções*". Definido com referência à "afecção", o afeto, como Espinosa irá precisar em várias passagens, é, portanto, essencialmente "a ideia de uma afecção do corpo" (IV 8 *dem.*; V 4 *cor.*), de modo que os "afetos" dos homens reproduzem, na ordem do pensamento, as "afecções" do corpo humano. E, assim como toda "afecção" de nosso corpo aumenta ou reduz sua potência de agir, também, paralelamente, o afeto correspondente aumentará ou diminuirá nossa "potência de pensar" (III 11 e *esc.*). Os afetos são, pois, os nomes das constantes flutuações, para mais ou para menos, de nossa potência. A esse título, todos eles são, em diversos graus, compostos da "alegria" (<*laetitia*>, "passagem <*transitio*> do homem de uma perfeição menor para uma perfeição maior") e da "tristeza" (<*tristitia*>, "passagem do homem de uma perfeição maior para uma perfeição menor").

*** Uma das preocupações mais constantes e mais manifestas de Espinosa é, por conseguinte, hierarquizar os afetos segundo suas respectivas potências. Essa hierarquização complexa desenvolve-se, primeiro, no duplo registro quantitativo das comparações das respectivas potências dos afetos passivos e, depois, das respectivas potências dos afetos passivos e dos afetos ativos. Desse ponto de vista, a potência dos afetos passivos nos leva à servidão, ao passo que a dos afetos ativos nos leva, paradoxalmente, à liberdade, ou seja, à virtude, à beatitude ou à salvação. E o amor, em conformidade com uma tradição filosófica que remonta pelo menos a Platão, revela-se o motor dessa realização do homem por transmutações progressivas de sua afetividade, segundo os três estágios do "amor ordinário" (<*amor communis*>, afeto passivo), do "amor por Deus" (<*amor erga Deum*>, afeto ativo, "o mais constante dos afetos" – V 1) e do "amor intelectual a Deus" (<*amor intellectualis Dei*>), que nos põe diretamente no plano da eternidade, sem "aumento" possível de nossa potência de agir, plenamente realizada em nós tal como o é em Deus (V 32 ss.). Essa hierarquização dos afetos segundo seus respectivos graus de potência é, no entanto, acrescida, de um ponto de vista qualitativo, de uma classificação dos afetos em função de seus objetos e daqueles a eles submetidos: assim, por exemplo, segundo as diversas naturezas dos objetos que nos afetam com alegria, nossas diferentes alegrias diferem em natureza (III 56); e, além disso, os afetos de um dado indivíduo diferem em natureza dos afetos de outro indivíduo de uma mesma espécie (por exemplo, os de um "filósofo" dos de um "bêbedo") ou dos de um indivíduo de uma outra espécie (por exemplo, os de um cavalo dos de um homem), tanto quanto diferem suas respectivas essências (III 57 e *esc.*).

Esse duplo ponto de vista é, sem dúvida, uma das exigências do sistema; mas a possibilidade do progresso ético parecerá se aproximar ou se afastar conforme se adote sobre os afetos o ponto de vista quantitativo de uma hierarquia contínua das potências, ou o ponto de vista qualitativo de uma heterogeneidade das naturezas.

Afirmação
Lat.: *Affirmatio* – Fr.: *Affirmation*

* Em conformidade com o uso do latim (e com o do francês), Espinosa entende por "afirmação" ora uma "posição" na existência (no sentido de que se diz, por exemplo, que alguém "afirma" seu caráter), ora a indicação de um discurso (no sentido de que se pode dizer: "ele afirma ter participado da guerra"). Todo o interesse e toda a dificuldade da doutrina espinosista da afirmação provêm dessa dualidade.

** A afirmação é, primeiramente, "afirmação absoluta" da existência da substância (I 8 *esc.* 1, III 10 *dem.*, III 11 *esc.*). A noção de "afirmação de uma existência" não sendo perfeitamente clara (de fato, não se entende claramente *quem* "afirma uma existência", *como* se faz tal "afirmação" e *em que* ela pode precisamente consistir), não espanta ver Espinosa explicitá-la muitas vezes como "posição" (III 4 *dem.*, III *def. ger. af.* e *expl.*, III 54 *dem.*, IV 11 *dem.* e *Carta* 36). A doutrina de uma "afirmação de existência" entendida como "posição de existência", associada à doutrina da liberação ética pela potência do entendimento sobre os afetos, contribuiu para fazer de Espinosa um filósofo da positividade, da afirmação, da aquiescência alegre à existência. Ocorre, contudo, que a "afirmação" de uma presença ou de uma existência deixa de ser posição real, positiva, ativa, para se revelar simples afeto: em *E* III 18 *esc.*, por exemplo, a "afirmação" própria à recordação (posição de uma existência fictícia ou de uma não existência) não difere do erro no qual persevera, a despeito de si própria, uma alma que carece dos afetos que poderiam tirá-la do engano. Espinosa constrói sua doutrina da afirmação, bem como a do erro, com um objetivo claramente anticartesiano. De fato, pretende acabar com a explicação cartesiana do erro sublinhando o caráter ilusório da separação entre vontade e entendimento. "A vontade", ao contrário, "e o entendimento são uma só e mesma coisa" (II 49 *cor.*), e não cabe incluir a vontade, simples abstração, na categoria das realidades, porque "não há na alma nenhuma volição, isto é, nenhuma *afirmação* e nenhuma negação, além daquela que a ideia, enquanto ideia, envolve" (II 49). A posição constante de Espinosa parece mesmo ser a de distinguir essas "afirmações" próprias das ideias, ou afirmações do pensamento, das afirmações verbais (*TEI* § 37, II 49 *esc.*). Portanto, às "afirmações" verbais do atributo Extensão deveriam corresponder (em virtude do paralelismo), no atributo Pensamento, "afirmações" não verbais, ou seja, posições de existência mudas; no entanto, Espinosa denuncia muitas vezes o erro dos que consideram as ideias como imagens mudas (II 43 *esc.*). Desse ponto de vista, a "afirmação" própria a toda ideia seria "não muda", melhor dizendo, seria essencialmente de natureza verbal ou discursiva (ver, por exemplo, *TEI* § 53: pouco importa a expressão afirmativa ou negativa de uma determinada frase, contanto que ela possa se reduzir a uma afirmação do intelecto, ou seja, nesse caso, a uma proposição, ou seja, uma enunciação, fundamentalmente afirmativa; II 49 *esc.*: impossível "afirmar" várias coisas ao mesmo tempo, no sentido de "enunciar" simultaneamente várias frases; *ibid.*: a vontade "é um universal, que se *predica* (*praedicatur*) de todas as ideias e que designa apenas o que é comum a todas as ideias, a saber, a *afirmação*"; II 49 *dem.*: "a alma *afirma* [isto é, "enuncia"] que os três ângulos de um triângulo são iguais a dois retos"). A "afirmação" envolvida em toda ideia, "enquanto ideia", seria, portanto, aqui, no fundo, por oposição ao mutismo, uma afirmação verbal, ou seja, uma enunciação.

*** Assim, finalmente, há no espinosismo, ao lado de uma concepção da ideia como imagem confusa e muda, uma concepção da ideia como "discurso sobre", pela qual a afirmação verbal se vê plenamente reabilitada. Com efeito, lendo o *Tratado da emenda do intelecto*, não pode deixar de chamar a atenção o fato de que "a ideia *do* círculo" é simplesmente evocada, mas nunca descrita, ou mesmo simplesmente caracterizada – e como poderia sê-lo, já que, por definição, ela é produzida por uma "afirmação" não verbal? –, ao passo que Espinosa propõe várias "definições do círculo" – o pensamento detendo-se, embaraçado, no primeiro caso, e tomando imediatamente impulso no segundo, como se só houvesse "ideias" (mas sobretudo "ideias de"), ou seja, pensamento, com a condição de haver primeiro definição, isto é, afirmação verbal ou enunciado de uma frase.

Alma
Lat.: *Mens* – Fr.: *Âme*

* A segunda parte da *Ética* intitula-se *De mente*: "da alma", ou "do espírito", conforme os tradutores. O francês, de fato, não dispõe de um termo equivalente ao latim *mens*: pois nenhum substantivo corresponde, em francês, ao adjetivo "mental" (à diferença do italiano, por exemplo, que dispõe do substantivo *mente*); e porque traduzir *mens* por "*le mental* [o mental]" seria tão cômico quanto anacrônico. O tradutor/leitor [francês] de Espinosa fica, portanto, obrigado a usurpar (e, às vezes, brincar com) os sentidos de *anima* ("âme [alma]"), *animus* ("coeur") e *spiritus* ("esprit"), sem jamais poder oferecer uma solução constante ou plenamente satisfatória[1]. As principais razões que nos levam a traduzir *mens* por "alma" e não por "espírito" são, por um lado, a associação frequente, sob a pena de Espinosa, entre *anima* e *mens* (*Princípios da filosofia de Descartes*, pref.: "*mens sive anima*"; mesma associação em *E* V pref.) e, por outro lado, o contexto cartesiano da elaboração do sistema espinosista. Com efeito, ao longo de toda a *Ética*, a doutrina espinosista da *mens* se opõe, traço por traço, à de Descartes (II ax. 2; II 35 esc.; II 49 cor.; V pref.). Mas, quando Descartes se exprime em francês, traduz *mens* por "âme" [alma] (ver, por exemplo, o título da sexta *Meditação*); e o que Espinosa critica explicitamente em *E* V pref. é justamente a teoria cartesiana da "união entre **alma** e corpo" <*mentis et corporis unio*>. Enfim, toda a doutrina da eternidade "da alma", no fim de *E* V, é a retomada espinosista de uma questão tão antiga quanto a filosofia e a teo-

logia: os homens, com efeito, sempre se interrogaram sobre a eternidade, a imortalidade ou a salvação "da alma" e não "do espírito".

** A segunda parte da *Ética*, que trata "da alma", abre, surpreendentemente, com a definição do corpo (II *def.* 1), ao passo que falta a da alma. A continuação do texto expõe a razão desse paradoxo: com efeito, a alma é definida pouco a pouco como "a ideia do corpo" (II 13). Trata-se de uma concepção totalmente nova e original da alma e, portanto, do problema clássico da união entre alma e corpo. A alma já não garante a ligação entre as partes do corpo, tampouco é o senhor (ou o escravo) do corpo: é sua ideia, ou seja, o estrito equivalente, no plano do pensamento, do que o corpo é no plano da extensão (II 21). Foi o que se habituaram a chamar de "paralelismo", embora o termo não se encontre em Espinosa. A distinção real entre pensamento e extensão é levada até o fim, ou seja, até a recusa da interação alma/corpo, apesar de sua aparente evidência: "nem o corpo pode determinar a alma a pensar, nem a alma determinar o corpo ao movimento ou ao repouso ou a qualquer outra maneira de ser (se acaso existe outra maneira)" (III 2, desenvolvido e argumentado em III 2 *esc.*; ver também III 11). Espinosa distingue a ideia que a alma *é* do corpo da ideia que a alma *tem* do corpo (II 18 *cor.*). A alma só conhece a si mesma indiretamente, pelo conhecimento das afecções do corpo (II 23); sendo esse conhecimento inadequado (II 24), a alma só tem de si mesma um conhecimento inadequado: portanto, enquanto ela seguir "a ordem comum da natureza", ou seja, enquanto for determinada pelo "encontro fortuito das coisas", a alma não tem a ideia de que existe (II 29 *cor.*). Contudo, a alma, tanto quanto o intelecto <*intellectus*>, não está condenada à "impotência" e à "servidão" (IV *título*). De fato, o esforço próprio da alma, isto é, sua essência, é compreender ou raciocinar (IV 26 *dem.*; V 23 *esc.*: "os olhos da alma, mediante os quais ela vê e observa as coisas, são as próprias demonstrações"; V 25). Vendo, por esse motivo, as coisas "sob o aspecto da eternidade" <*sub specie aeternitatis*>, a alma, "cuja parte eterna é o entendimento" (V 40 *cor.*), pode alcançar a ideia eterna que ela é, a saber, a essência de seu corpo (V 22 e *dem.*); e as almas, na medida em que compreendem, "constituem todas juntas o entendimento eterno e infinito de Deus" (V 40 *esc.*).

*** A doutrina da alma, que contém algumas das mais belas formulações da filosofia de Espinosa, é, portanto, ao mesmo tempo uma doutrina das faculdades (memória, imaginação, entendimento), uma doutrina dos afetos (desejo, alegria, tristeza e seus compostos), uma doutrina do conhecimento (ouvir-dizer, razão, ciência intuitiva) e uma doutrina da salvação (contentamento <*acquiescentia*>, alegria, beatitude), sem que jamais se distenda o vínculo essencial com o corpo.

1. Em português, as traduções mais antigas variavam entre "alma" e "mente" para verter o termo *mens*. Já os trabalhos mais recentes tendem a optar sempre pela segunda solução, mais coerente com o original latino. [N. do R.T.]

Amor
Lat.: *Amor* – Fr.: *Amour*

* Espinosa, filósofo racionalista por excelência, fala sem parar de amor. Isso talvez seja menos paradoxal do que parece. O amor é o principal tema dos *Diálogos* do *Breve tratado* (sem dúvida a primeira obra de Espinosa); está no centro das preocupações existenciais do começo do *Tratado da emenda do intelecto*: "toda a nossa felicidade e a nossa miséria residem num só ponto: a que tipo de objeto estamos apegados por amor?" (§ 3). Espinosa não se pergunta o que ama, mas o que deveria amar. Na *Ética*, a doutrina do amor é desenvolvida segundo a hierarquia do "amor ordinário", do "amor por Deus" e, enfim, do "amor intelectual a Deus", que já não se distingue da beatitude.

** Se a alegria <*laetitia*> é "a passagem do homem de uma perfeição menor para uma maior" (III *def. af.* 2), o amor é "uma alegria acompanhada da ideia de uma causa exterior" (III *def. af.* 6). Explicando sua própria definição, Espinosa insiste no fato de que o amor não reside num estado subjetivo de tensão (crítica de Descartes), mas num estado objetivo de "satisfação" (*acquiescentia*: "satisfação", "contentamento", "consentimento": é a mesma palavra que caracterizará a beatitude nas últimas páginas da *Ética*). O amor ordinário é sem dúvida um "afeto" e, assim sendo, pode nos mergulhar numa forma de servidão (IV *apênd*. 19: "todo amor que reconhece uma outra causa além da liberdade da alma transforma-se facilmente em ódio, a menos que seja, o que é pior, uma espécie de delírio"); de forma mais geral, a terceira e a quarta partes da *Ética* detalham as vicissitudes do amor; mas sua essência é imediatamente homogênea a suas formas superiores e não afetivas. Assim, o amor é o afeto que prepara ou possibilita a saída da afetividade. As últimas proposições da terceira parte da *Ética* (III 58 e 59) esboçam, sem detalhá-los, "afetos de alegria e de desejo" que já não seriam "paixões". "O amor por Deus" <*amor erga Deum*>, que é objeto das proposições 15 a 20 da quinta parte, corresponde precisamente a essa definição: Espinosa insiste no fato de que esse "amor" é mesmo um "afeto" (V 20 *esc*.: é "o mais constante dos afetos"; pode ocupar a maior parte da alma e "afetá-la amplamente"); mas que se distingue dos afetos porque "não pode ser degradado por nenhum dos vícios inerentes ao amor ordinário" <*communis amor*>: porque não há afeto que lhe seja contrário. "O amor por Deus" é uma aspiração da razão e não se distingue do "sumo bem" (V 20 *dem*.). O amor intelectual a Deus, enfim (*amor intellectualis Dei*), desenvolvido em todas as últimas proposições da *Ética*, distingue-se do "amor por Deus" porque se situa no plano da eternidade e não mais no da duração (V 34: "nenhum amor, exceto o amor intelectual, é eterno"): segundo um movimento característico do espinosismo, a eternidade do objeto amado repercute no amor dedicado ao objeto (V 32 e *cor*.), até a reciprocidade do amor intelectual que Deus tem por si próprio e daquele que a alma tem por Deus (V 35 e 36).

*** Contudo, a distinção entre o "amor por Deus" e o "amor intelectual a Deus" não é mais nítida do que era entre o "amor ordinário" e o "amor por Deus". De fato, em V 42 *dem*., Espinosa identifica deliberadamente o "amor por Deus", o "amor intelectual a Deus" e a "beatitude". Etapa por etapa, dos afetos passivos, sempre tingidos de tristeza, aos afetos ativos, sempre suscetíveis de serem reduzidos à alegria, e depois, mais além, até um amor ou uma alegria que já não seriam afetos, mas desenvolvimentos beatíficos de nossa potência de conhecer, o termo "amor" é mantido, unifica o percurso. Sem essa continuidade dos três gêneros do amor, análoga, no fundo, à continuidade dos três "gêneros de conhecimento", a salvação não seria possível. Finalmente, em Espinosa, assim como em Platão, e apesar de tudo o que possa opor um sistema da imanência a um sistema da transcendência, as transmutações do amor acompanham e favorecem, assim, a transmutação mais geral da ignorância em saber e da servidão em liberdade.

Atributo
Lat.: *Atributum* – Fr.: *Attribut*

> * Um "atributo" é, tradicional e correntemente, o que é "atribuído" a um sujeito, ou seja, uma caracterização, uma determinação ou uma qualificação, que sempre deixa a possibilidade de uma distinção entre o atributo do sujeito e sua essência. Espinosa, nos seus primeiros escritos, conserva algo dessa tradição, mas rompe com ela na *Ética*, em dois sentidos: ali, o "atributo" é dito de uma "substância" e não mais de um sujeito, e ele constitui a própria essência dessa substância (já não se distingue dela): "Por atributo entendo o que o entendimento percebe de uma substância, como constituindo sua essência" (I *def.* 4).

> ** Espinosa não diz que o atributo "é" a essência da substância, mas que ele é "o que o entendimento percebe" de uma substância "como constituindo sua essência". Daí, a hipótese, bastante legítima, de que os atributos seriam "pontos de vista", "perspectivas" sobre a substância, que poderiam variar conforme os entendimentos e, portanto, teriam uma dimensão, se não subjetiva, ao menos relativa a nossos quadros perceptivos – hipótese ainda reforçada pelo recurso, na definição do atributo, à noção de "percepção": como se a substância fosse o objeto "em si" e o atributo, o objeto "percebido" (ver

C 10¹ fim: o "plano" e o "branco"). Na realidade, como mostrou extraordinariamente Martial Gueroult, tal leitura é insustentável no sistema: de fato, nele "o que o entendimento percebe" não é de modo algum um "ponto de vista", mas a coisa tal como ela é em si mesma (II 44 *dem*.; ver também I 30 e II 4 *dem*.). Portanto, os atributos são, não para nós, mas em si, a essência da substância. Deus ou a substância consiste em uma infinidade de atributos (I *def.* 6) dos quais só conhecemos dois: o pensamento e a extensão (II 1 e 2). Dois atributos distintos não têm nada em comum (I 2). Como atributos que não têm nada em comum podem ser a essência da mesma substância indivisível (I 13)? Espinosa explica isso em I 10 *esc.* e em II 7 *esc.*, recorrendo à noção central de "expressão": os atributos são "expressões" distintas de uma única e mesma substância. Foi o que chamaram de "paralelismo": os atributos são expressões, em planos que jamais se sobrepõem, de uma única e mesma realidade, ou seja, de uma única e mesma "ordem" ou de um único e mesmo "encadeamento das causas". E, assim, como Deus, cada coisa singular, cada um de nós, por exemplo, existe simultaneamente numa infinidade de planos, dos quais conhecemos apenas dois: uma única e mesma coisa singular se exprime simultaneamente sob forma de pensamento (alma), de extensão (corpo) (III 2 *esc.*) e sob uma infinidade de outras. Mas o conhecimento de nossa essência nem por isso se vê diminuído: com efeito, ele é identicamente expresso em cada um dos atributos. Do mesmo modo, o fato de só conhecermos dois dos atributos de Deus não o torna misterioso para nós: um atributo exprime a essência de Deus na sua totalidade e não um "fragmento" dessa essência. Por isso é que "o conhecimento da essência eterna e infinita de Deus que cada ideia envolve é adequado e perfeito" (II 46).

*** A doutrina dos atributos é uma das mais originais do espinosismo. Foi elaborada progressivamente. Nos *Princípios da filosofia de Descartes* (I *def.* 5), Espinosa ainda tem por equivalentes "propriedade", "qualidade" e "atributo". Nos *Pensamentos metafísicos* (II 11), considera vários outros "atributos" além do pensamento e da extensão (ver também *Carta* 6). Na *Ética*, porém, a doutrina e o vocabulário são estabelecidos: ali, Espinosa jamais se exprime em termos de "próprios". Das "qualidades" fez "essências", a própria essência da substância: a doutrina dos atributos é, portanto, uma peça-chave da constituição qualitativa da natureza naturante.

1. Carta 9 a Simon de Vries: "Entendo por plano o que reflete todos os raios luminosos sem alteração; entendo por branco a mesma coisa, com a ressalva de que o objeto é dito branco por um homem que olha o plano." [N. da T.]

Aumentar – diminuir
Lat.: *Augere – minuere* – Fr.: *Augmenter – diminuer*

* O aumento (ou a diminuição) da "potência de agir (ou de pensar)" são os conceitos centrais da teoria dos afetos, desenvolvida nas partes III e IV da *Ética*: "Por afeto entendo as afecções do corpo, mediante as quais a potência de agir <*agendi potentia*> desse corpo é **aumentada ou diminuída** <*augetur vel minuitur*>, favorecida ou entravada <*juvatur vel coercetur*> e, ao mesmo tempo, as ideias dessas afecções" (III *def.* 3).

** O aumento ou a diminuição da "potência de agir" vem, de fato, acompanhado, segundo o paralelismo, por um aumento ou uma diminuição da "potência de pensar" (II 11, 12 e *dem.*, 13). Daí, imediatamente, as definições dos dois afetos fundamentais da alegria e da tristeza, que, embora definidos em termos de "passagem da alma para uma perfeição maior ou menor" (III 11 *esc.*), nada mais são (segundo III 15 *dem.*) senão aumentos ou diminuições da "potência de pensar". Os afetos aumentam e diminuem, por conseguinte, a "potência de pensar" tanto quanto a "potência de agir": por isso, um "aumento" da potência de pensar poderá vencer os afetos tristes (IV 41 *dem.*, IV 59 *dem.*). Todos esses temas estão amarrados em III *def. ger. af.* e *expl.*, que estabelece a equivalência do aumento (ou da diminuição) da potência de pensar (ou de agir) com as da "força de existir", mas também com o fato de "envolver mais ou menos realidade", ou com a "passagem para uma maior ou menor perfeição".

*** O aumento e a diminuição da potência de agir (ou de pensar) estão, pois, no fundamento da determinação quantitativa da "natureza naturada".

Conhecimento (gêneros de)
Lat.: *Genera cognitionis* – Fr.: *Connaissance (genres de)*

* Pode haver quem se surpreenda com a celebridade da teoria espinosista dos "gêneros de conhecimento". A ideia de distinguir diversas maneiras de conhecer é, de fato, tão antiga quanto a distinção entre "opinião", "imaginação", "memória", "razão" e "intuição", ou seja, tão antiga quanto a filosofia. Aliás, foi só bem tarde (na *Ética*) que Espinosa formulou sua doutrina em termos de "gêneros de conhecimento". Os "gêneros de conhecimento" já não são "faculdades" separadas e distintas, mas partes ou, mais exatamente, graus de uma única e mesma atividade. Falar em termos de "gêneros de conhecimento" e não em termos de "faculdades da alma" é, portanto, preparar e unir o caminho da salvação.

** Considerada de forma muito geral, a teoria dos "gêneros de conhecimento", ainda que nem sempre tenha levado esse nome nas diversas obras de Espinosa, apresenta traços constantes e traços variáveis. A constância da doutrina é perceptível no recurso recorrente ao exemplo da busca da quarta proporcional, repetida de tratado em tratado para ressaltar as diferenças entre os gêneros de conhecimento. Proceder, nessa busca, repetindo uma receita aprendida sem que tenha sido entendida sempre pertencerá a um primeiro gênero de conhecimento; proceder operando segundo as regras da aritmética e sendo capaz de mostrar o caráter universal da regra que se aplica sempre pertencerá a um segundo gênero; encontrar, por fim, a solução numa intuição clara, direta e imediata da própria proporcionalidade (ou seja, proceder sem proceder) sempre pertencerá a um terceiro gênero de conhecimento. Mais precisamente, o primeiro gênero de conhecimento possui sempre as características do que Espinosa chamará sucessivamente de "conhecimento por ouvir-dizer" (*door hooren zeggen* – *Breve* *tratado* II 1; *ex auditu* – *TEI* § 11), ou por "experiência vaga" (*experientià vagà* – *TEI* § 12; *E* II 40 *esc.* 2), ou "pelos signos" (*ex signis* – *E ibid.*), ou ainda "crença" (*geloff* – *BT* II 1), "opinião" (*opinio*) e "imaginação" (*E* II 40 *esc.* 2): trata-se sempre do que chamaríamos "indução", a saber, a formação de noções universais a partir de experiências singulares "que os sentidos representam mutiladas, confusas e sem ordem para o intelecto" (*E* II 40 *esc.* 2). O âmago desse primeiro gênero de conhecimento é, portanto, a percepção sensível de uma coisa singular. O segundo gênero de conhecimento é quase sempre chamado de "razão" (*BT* II 1; *E* II 40 *esc.*) por Espinosa (com a notável exceção do *TEI*, que evita o termo, mas designa indiretamente a coisa fazendo referência à atividade dos "matemáticos"): trata-se de um movimento do pensamento pelo qual se tira uma "conclusão" correta a partir de propriedades gerais ou universais (*TEI* § 13): corresponderia, pois, ao que chamaríamos "dedução". O essencial dele é o fato de se situar imediatamente na generalidade e o fato de que, nele, o pensamento seja discursivo: nesse aspecto, o segundo gênero de conhecimento se opõe termo a termo ao primeiro. Por fim, o terceiro gênero de conhecimento é chamado "intuição" por Espinosa (*BT* II 1 fim: "intuição clara" <*deurzigtigheid*>; *TEI* § 16 fim: "intuitivamente <*intuitive*>, sem fazer nenhuma operação"; *E* II 40 *esc.*: "ciência intuitiva" <*scientia intuitiva*>). Esse terceiro gênero de conhecimento retoma, pois, certas características do primeiro: é uma percepção direta de uma coisa singular. Aliás, para caracterizá-lo, Espinosa recorre quase sempre a comparações com a "vista" ou a "visão" (como exige a etimologia do termo "intuição"): visão não mais do olho, mas do espírito (V 23 *esc.*), mas, ainda assim, visão. O esquema da passagem do primeiro para o terceiro gênero de conhecimento, que encontramos em Espinosa de obra em obra, é, portanto, claramente o de uma dupla superação: superação da percepção sensível, particular e, por isso, limitada, e passagem para a razão, isto é, para o universal; depois, superação do próprio universal, inapto para apreender o singular como tal, e passagem para uma intuição racional, espécie de percepção do pensamento – o conhecimento do terceiro gênero ("que procede da ideia adequada da essência formal de certos atributos de Deus para o conhecimento adequado da essência das coisas" – II 40 *esc.* 2) devendo então realizar o acordo sempre esperado do racional com o singular, do discursivo com o intuitivo.

O que varia, no quadro desse esquema constante, não é tanto o nome dado a esses diversos gêneros de conhecimento ("modos de percepção" <*modi percipiendi*> no *TEI* § 9, "gêneros de conhecimento" <*genera cognitionis*> na *Ética*), ou sua quantidade (ora três, ora quatro), mas o valor atribuído ao segundo. Com efeito, Espinosa sempre considerou que o primeiro gênero de conhecimento era a fonte do erro (talvez surpreenda vê-lo ser chamado "gênero de *conhecimento*", mas Espinosa lhe reconhece precisamente, em *TEI* § 15, um imenso conteúdo de conhecimento: com efeito, por experiência vaga, sei que morrerei, que a água é apropriada para apagar o fogo e "quase tudo o que se faz para o uso da vida"); e que, por outro lado, o terceiro gênero de conhecimento era a fonte da verdade e, ao mesmo tempo, da salvação (tema constante na *Ética*: ver, por exemplo, IV *apênd.* 4, V 27, V 32 e *cor.* etc.). Em contrapartida, como bem percebeu Alquié, nos primeiros tratados, a "razão" é vinculada ao primeiro gênero de conhecimento (e, portanto, à possibilidade do erro) e ao terceiro (e, portanto, da verdade e da salvação) na *Ética*. De fato, Espinosa devia temer a confusão entre a má generalização resultante da indução e as boas generalidades da razão. É somente na *Ética* que consegue arrancar a racionalidade da generalidade, por meio da doutrina das "noções comuns" <*notiones communes*> (II 40 *esc.* 2), que são, por natureza, não gerais, mas universais (II 37 ss.: o que está "igualmente na parte e no todo"). Sejam quais forem os pequenos problemas que a doutrina das "noções comuns" possa suscitar, o próprio fato de uma espécie de flutuação espinosista sobre o estatuto e o valor a ser atribuído à "razão" discursiva, ou seja, à própria razão demonstrativa (a maneira dos geômetras), continua sendo o aspecto mais chamativo da doutrina dos "gêneros de conhecimento".

*** Quer a linha divisória seja colocada entre os dois primeiros gêneros de conhecimento e o terceiro, como Espinosa faz inicialmente, quer entre o primeiro gênero e os dois seguintes, como na *Ética*, o problema continua sendo saber como um entendimento impotente será capaz de se "emendar" do fundo de sua impotência (problema bastante análogo, no fundo, àquele que Kant encontrará na *Crítica da razão pura*), sobretudo quando a via da decisão subjetiva, evocada fugidiamente nas primeiras páginas do *Tratado da emenda do intelecto*, está excluída pela *Ética*.

Desejo
Lat.: *Cupiditas* – Fr.: *Désir*

* A filosofia de Espinosa é considerada, com razão, um "racionalismo absoluto". Portanto, surpreende ver o desejo ser definido como "a própria essência do homem" (III *def. af.* 1). É que Espinosa entende por "desejo" algo bem diferente do que se entende usualmente por esse termo.

** O desejo é definido não por diferença mas por aproximação com a lei geral de comportamento de todas as coisas singulares. "Toda coisa se esforça, tanto quanto está em si, por perseverar no seu ser" (III 6); esse "esforço" é sua "essência" (III 7); e, quando o referimos ao homem, ele pode adotar os nomes de "vontade" (referido apenas à alma), de "apetite" (referido à alma e ao corpo) ou de "desejo" (apetite com consciência de si mesmo). O "desejo", outro nome do "esforço por perseverar no ser", é portanto a "essência mesma do homem" na medida em que é essência de toda coisa: remete, portanto, tanto à física, à ontologia ou à política (*TTP pref.*: o direito natural de cada um estende-se até onde se estende seu desejo) quanto à psicologia ou à fisiologia. O desejo propriamente humano pareceria, por um momento, poder se distinguir pela presença nele da "consciência" (III 9 *esc.*); mas Espinosa rejeita explicitamente tal critério de diferenciação (III *def. af.* 1 *expl.*): pretende, ao contrário, "abarcar" sob esse termo "todos os esforços (*conatus*) da natureza humana que designamos pelo nome de apetite (*appetitus*), de vontade (*voluntas*), de desejo ou de ímpeto (*impetus*)" (*ibid.*), e reserva o termo *libido* para designar "o apetite sensual" ou a "lubricidade" (III *apênd.* 48, V 42 etc.). Desse ponto de vista, o "desejo" seria universal e sempre semelhante, e o homem não teria desejos à parte assim como não é um "império num império" (III *pref.*). Por outro lado, contudo, Espinosa não cessa de se esforçar para distinguir os desejos entre si: segundo seus objetos (III 56: "[...] existem tantas espécies de desejo <*tot [cupiditatis] species*> quanto existem espécies de objetos que nos afetam" – ver, igualmente, III 61 *esc.*); segundo as espécies (no sentido de espécies animais) que os experimentam (III 57 *esc.*); e mesmo no interior de uma espécie dada – a espécie humana –, conforme provenham ou não da razão (comparar IV 44 e IV 61; ver V 4 *esc.*). Além disso, grande parte da *Ética* IV (prop. 16 ss.) está dedicada à comparação das respectivas "forças" dos desejos – o que indica claramente, uma vez mais, que eles diferem uns dos outros.

*** Logo, o desejo ora aparece como o traço comum a todas as coisas singulares, animando o universo da menor à maior delas; ora, ao contrário, partido em tantos tipos e intensidades diferentes quantas sejam as combinações possíveis de sujeitos e de objetos do desejo, ou seja, no fundo, as coisas singulares. Os dois pontos de vista (segundo o universal e segundo o singular) podem, contudo, combinar-se como expressão dupla da recusa espinosista da generalidade.

Deus ou a Natureza
Lat.: *Deus sive Natura* – Fr.: *Dieu ou la Nature*

* Para Espinosa, não existem várias realidades, existe apenas uma. Nosso universo, com suas estrelas, suas galáxias mais longínquas, é apenas um "modo" (o "modo infinito mediato") de um dos "atributos" infinitos (o atributo "extensão") da "substância", que Espinosa chama, também, "causa de si" <*causa sui*>, "Deus" ou "Natureza" (*Carta* 64). A célebre expressão "Deus ou a Natureza", *Deus sive Natura* (IV *pref.*: "esse ser eterno e infinito que chamamos *Deus ou a Natureza* age e existe com a mesma necessidade" – ver também IV 4 *dem.*), resume, assim, um mundo sem exterioridade, sem transcendência, um mundo que não tem Deuses porque ele é Deus – dupla determinação que permite compreender, em certa medida, o duplo movimento de entusiasmo e de escândalo historicamente suscitado pela filosofia de Espinosa.

** A primeira definição da *Ética* é a da "causa de si": "Por causa de si <*causa sui*>, entendo aquilo cuja essência envolve a existência ou, em outras palavras, aquilo cuja natureza não pode ser concebida senão como existente" (ver também *TEI* § 50). Fica, de fato, claro que o que é causa de si mesmo não poderia deixar de se causar, de se produzir e, portanto, de existir. Toda a questão é saber se é possível aceitar logicamente uma "causa de si" que, por definição, é também "efeito de si", de modo que a diferença entre "causa" e "efeito" se apague. Pois a *Ética* nada mais é que o desenvolvimento da "causa de si". Distingue-se nela, com efeito, a exemplo de Gueroult, um "Deus causa", ou "Natureza Naturante" (I 29 *esc.*), ou seja, o conjunto infinito dos atributos, eles mesmos infinitos; e um "Deus efeito", ou "Natureza Naturada" (*ibid.*), ou seja, o conjunto dos modos, dos menores (os "corpos mais simples" – II 13 *lema* 3 *ax.* 2 *expl.*) até a totalidade do mundo visível ("figura do universo na sua totalidade" – *Carta* 64), passando pelas "coisas singulares" mais habituais, que são as plantas, os animais, os homens, mas também os Estados e os corpos políticos em geral. A grande dificuldade do espinosismo como filosofia da imanência é conceber a um só tempo a mais clara distinção entre "Natureza Naturante" e "Natureza Naturada" (já que as características dos atributos e as dos modos se opõem termo a termo) e, ao mesmo tempo, sua fusão completa (já que não há nenhuma transcendência da "Natureza Naturante" com relação à "Natureza Naturada"). Espinosa fala em termos de "Natureza Naturante", de "Natureza Naturada" e de "causalidade", precisamente para não falar em termos de "Criador", de "Criatura" e de "criação". Contudo, como a causalidade introduz uma distância quase intransponível entre "o causado" e sua causa (I 17 *esc.*: "o causado difere de sua causa precisamente no que dela tem" etc.), a relação de causalidade se acresce, no espinosismo, de uma relação de "expressão" entre a Natureza Naturante e a Natureza Naturada (ponto bem destacado por Deleuze). A causalidade divina nunca é final. Deus não pode causar em função de uma ideia que teria previamente, pois o próprio entendimento infinito pertence à Natureza Naturada, ou seja, é um modo ou um efeito (I 31). A natureza espinosista é, pois, totalmente desencantada: é, de fato, essa entidade ou realidade gigantesca, cega e surda, à qual é particularmente absurdo atribuir intenções ou preocupações, embora esta seja uma atividade constante nos homens. Espinosa denuncia, assim, com particular vigor, no *Apêndice* da primeira parte da *Ética*, a crença nas "causas finais", que leva os homens a se refugiarem, quando lhes acontece de serem reduzidos a *quia*, na "vontade de Deus, esse asilo da ignorância". No mesmo sentido, não cabe admitir milagres, isto é, perturbações da ordem da natureza por algo que lhe seria exterior, primeiro porque não conhecemos os detalhes dessa ordem da natureza, e porque, por conseguinte, somos ignorantes do que podem, ou não podem, os corpos considerados em si mesmos ("ninguém sabe o que pode um corpo" – III 2 *esc.*); e, em segundo lugar, porque, não podendo conceber nada exterior à Natureza, é-nos igualmente impossível conceber o que quer que seja que pudesse perturbar sua ordem eterna (I 33 *esc.*; *TTP* VI).

*** A "causa de si", a "natureza" que é "Deus", a "substância" são todos nomes de um mundo integralmente provido de razão e desprovido de sentido. O profundo parentesco entre o racionalismo mais absoluto e um certo sentimento do absurdo sem dúvida explica a fortuna do espinosismo na modernidade.

Ente Ver Ser
Lat.: *Esse, ens* – Fr.: *Être*

Essência
Lat.: *Essentia* – Fr.: *Essence*

* O termo "essência", presente desde a primeira linha da *Ética*, entra nas definições da "causa de si", do "atributo", de "Deus", e desempenha um papel constante e fundamental em toda a primeira parte da obra (I 34: "a essência de Deus é sua própria potência"). Contudo, é muito estranho que ele só seja definido no começo da segunda parte, que marca a passagem da natureza naturante ("de Deus") para a natureza naturada ("da alma" etc.). Poder-se-ia considerar inútil definir um termo como "essência", de um lado porque seu sentido é bem claro intuitivamente (a essência de uma coisa é sua natureza) e, de outro, porque é difícil evitar o círculo lógico a respeito desse termo: com efeito, se definir é caracterizar a essência de uma coisa, percebe-se que será difícil definir a essência (significaria buscar a essência da essência, o que supõe uma pré-compreensão do termo a definir). Portanto, se Espinosa define a essência, é precisamente porque a entende de uma maneira muito original: "digo que pertence à essência de uma coisa aquilo que, sendo dado, estabelece necessariamente a coisa e que, sendo suprimido, suprime-a necessariamente; ou ainda aquilo sem o qual a coisa não pode nem ser nem ser concebida e, inversamente, aquilo que, sem a coisa, não pode nem ser nem ser concebido" (II *def.* 2). Espinosa superpõe aqui a concepção tradicional (a essência de uma coisa é esse sem o quê a coisa não pode nem ser nem ser concebida) com sua pura e simples inversão (sem a coisa, a essência de uma coisa não pode nem ser nem ser concebida), estabelecendo assim uma simetria perfeita entre uma coisa e sua essência: a essência sendo essência da coisa, e a coisa, essência da essência.

** A redefinição da essência (ou seja, a subordinação não só de uma coisa a sua essência, mas, reciprocamente também, de sua essência à coisa considerada) aparece desde o *Breve tratado* (I 10 fim: Pedro e Judas; ver também II *pref.*). É signo do profundo matematismo de Espinosa, ou seja, do fato de que, aos olhos de Espinosa, as essências dos seres matemáticos são o modelo de toda essencialidade. Com efeito, os seres matemáticos são, por excelência, o lugar de coincidência ou de reciprocidade entre uma coisa e sua essência (ou definição), pois não há nenhuma diferença, nenhuma distância concebível, entre um círculo (por exemplo) e sua essência ou sua definição. Esse privilégio dado ao modelo matemático aparece claramente em II 49 *dem.*, onde, para demonstrar a identidade entre toda volição e toda ideia, isto é, a identidade da vontade com o entendimento, Espinosa se serve precisamente de sua nova definição da essência, tomando como exemplo a afirmação "qualquer" segundo a qual "os três ângulos de um triângulo são iguais a dois retos", e ressalta, primeiro, que essa afirmação não pode ser nem ser concebida sem o triângulo e que, inversamente, o triângulo não pode ser nem ser concebido sem essa afirmação. O princípio da prova consiste, então, em estender à vontade e ao entendimento o que acaba de ser dito do triângulo e de sua definição, e em dizer que uma ideia qualquer não podendo ser nem ser concebida sem uma afirmação (ou volição), e, inversamente, uma afirmação (ou volição) qualquer não podendo ser nem ser concebida sem a ideia correspondente, uma afirmação "pertence" sempre "à essência de <uma> ideia" considerada, e portanto que "a vontade e o entendimento são uma única e mesma coisa" (II 49 *cor.*). A teoria espinosista das essências é, pois, a generalização da relação reciprocável entre definição e objeto matemático. Todas as caracterizações ou determinações das essências das coisas singulares confirmam, sem exceção, esse resultado. A essência dos corpos é, pois, determinada, em II 13 *def.*, por uma "relação precisa de movimento e de repouso". Espinosa fala sempre de uma relação "precisa" <*certa ratio*>, dando assim à definição da essência de cada coisa singular a precisão e a fixidez de um objeto matemático (de um número, por exemplo: ver *BT* II *pref.* n. 1 § XIV: caso essa proporção "não possa subsistir", "tem-se a morte" da coisa singular considerada; ver também *E* II 8 *esc.*, onde Espinosa vincula as essências das coisas singulares aos "pares de segmentos iguais" contidos em um círculo: determinações únicas, distintas e fixas). Na terceira parte da *Ética*, a essência das coisas singulares já não é determinada como "relação precisa de movimento e de repouso", mas como "esforço" (III 7: "o esforço <*conatus*> pelo qual toda coisa se esforça por perseverar em seu ser não é nada senão a essência atual dessa coisa"). Ora, esse "esforço" que define a essência é não só um *quantum* (III 6: "toda coisa se esforça, enquanto está em si <*quantum in se est*>, por perseverar no seu ser), mas um *quantum* "precisamente determinado", como indica a expressão *certo et determinato modo* empregada duas vezes por Espinosa em III 6 *dem*. Logo, quer se trate de uma proporção *precisamente determinada* de movimento e de repouso ou de um esforço também ele "precisamente determinado", a essência das coisas singulares é sempre concebida e determinada, em Espinosa, a exemplo das essências matemáticas (proporções fixas) e das relações (de reciprocidade) que elas mantêm com seus objetos.

*** O modelo matemático permite a racionalização completa da natureza naturada e fornece, portanto, a possibilidade de obter dela um conhecimento adequado; permite, ademais, em conformidade com a intuição comum, conceber a unidade de um indivíduo ou de uma coisa singular sob a multiplicidade e a variabilidade de seus comportamentos e de suas aparências (contanto que a proporção de movimento e de repouso entre suas partes, ou o *quantum* de esforço, permaneça invariável, o indivíduo é o mesmo); permite, por fim, conciliar elegantemente a determinação quantitativa da natureza naturada com o aspecto qualitativo envolvido na noção de essência: de fato, toda "relação" ou todo *quantum*, desde que estejam quantitativamente fixados (isto é, sejam passíveis, de direito, de serem expressos por um número), metamorfoseiam-se instantaneamente em qualidades, em naturezas ou em essências distintas (assim como dois números diferentes podem ser considerados qualitativamente distintos: não têm as mesmas propriedades etc.). A dificuldade que tal doutrina suscita é, em contraposição, a concepção das essências específicas, às quais Espinosa dá manifestamente crédito: a essência do homem, por exemplo. A descontinuidade de essência entre dois indivíduos (III 57) cria, de fato, obstáculo a seu pertencimento a uma espécie comum.

Estado
Lat.: *Imperium* – Fr.: *État*

* O termo *imperium*, central na filosofia política de Espinosa, aparece em duas célebres formulações. Na primeira, Espinosa se opõe aos que consideram o homem "um império num império" <*veluti imperium in imperio*> (III *pref.*), como se o homem perturbasse a ordem da natureza em vez de a ela obedecer. A segunda formulação é a definição da democracia, nas últimas páginas escritas por Espinosa, como *imperium absolutum*, ou seja, "regime absoluto", "poder absoluto" ou "Estado absoluto" (*Tratado político* X 1). Como se nota, a tradução de *imperium* por "Estado", a mais corrente, não convém exatamente a nenhuma dessas duas formulações. O exame dos empregos do termo *imperium* em Espinosa confirma o caráter irredutível dessa multiplicidade de sentidos.

** O termo *imperium* é incontestavelmente traduzido por "Estado" quando Espinosa o emprega para designar uma certa realidade física: "um Estado de extensão média" (*TP* VIII 2), "aqueles que nasceram no Estado" (VIII 14), "a capital do Estado" <*urbs, quae caput totius imperii est*> (VIII 3), "as províncias ou regiões do Estado" (IX 13). Nesse sentido, "Estado" é sinônimo do que hoje chamamos de "país". *Imperium* designa, ainda, o "Estado", num sentido mais próximo daquele que o termo tem no francês contemporâneo (ou seja, o "Estado" como lugar do serviço público), quando Espinosa fala da "administração do Estado" <*imperii administratio*> (VI 18), dos "funcionários do Estado" <*imperii ministri*> (VIII 17), dos "cargos do Estado" <*imperii munera*> (X 2), das "dignidades do Estado" <*imperii honores*>, mas também da "força do Estado" <*imperii robur*> (VII 17), da "segurança do Estado" <*imperii securitas*> (VII 17) ou, de forma mais geral, dos "assuntos do Estado" <*imperii res*> (VI 3, VI 22) (que nem sempre são "assuntos de Estado").

Alguns empregos de *imperium* são mais ambíguos: pode-se ver neles uma referência ao "Estado", mas, com igual verossimilhança, a outras realidades. Quando Espinosa declara, por exemplo, que "o *imperium* deve ser indivisível" (VI 37), alguns tradutores acham que se trata do "Estado", outros, do "poder". Assim também, o *imperii onus* pode ser entendido tanto como "ônus do poder" quanto como "ônus do Estado" (VI 20). De forma mais geral, a dificuldade de interpretação do termo *im-*

perium deve-se à própria essência do projeto de Espinosa no *TP*. Por análise do *imperium monarchicum, aristocraticum* ou *democraticum*, deve-se entender uma análise do "Estado monárquico, aristocrático, democrático", ou do "poder" monárquico etc., ou ainda do "regime" monárquico etc.? Nesse caso, o termo "regime" – se, numa tradição rousseauniana, entendermos por isso a forma de "governo" – pareceria mais correto que os outros, na medida em que Espinosa faz uma teoria *a priori* das diferentes formas possíveis de governo (portanto, dos "regimes"), mais do que uma descrição *a posteriori* dos "Estados" efetivamente constituídos. Como o *TP* se situa no plano dos fundamentos e dos princípios da política, quando Espinosa coloca a questão do *optimum imperium* (V 1, V 2), entenderemos, portanto, a questão clássica, não do "melhor Estado", mas do "melhor regime" (VI 26: *optimum regimen*).

Existe, enfim, uma série de expressões nas quais *imperium* não seria corretamente traduzido por "Estado". De fato, por razões de uso, traduz-se *imperium in imperio* por "um império num império" (*E* III pref., *TP* II 6), e *imperium romanum* por "o império romano" (VII 14). Quando um chefe guerreiro possui o *summum imperium*, ele tem, mais que o "poder absoluto", o "comando supremo" (VI 10, VIII 9). Quando se transmite o *imperium* a outro, transmite-se o "poder" e não o "Estado" (VII 25). Por fim, a famosa expressão *imperium absolutum* irá ser traduzida, primeiro, de acordo com o uso, pelo decalque francês "poder absoluto" (VII 14: "nada é mais perigoso para um Príncipe do que fazer uso do poder absoluto"; VII 29: "os que cobiçaram o poder absoluto"). Mas como entendê-la quando ela qualifica diretamente a democracia?

O *imperium* no sentido que buscamos aqui define-se como "direito definido pela potência da multidão" (II 17). De acordo com as teses geralmente defendidas por Espinosa em matéria de política, o direito desse *imperium* "nada é senão o próprio direito de natureza, determinado pela potência não de cada um, mas da multidão, quando ela é dirigida como que por uma única alma; em outras palavras, assim como cada um no estado natural, o corpo político inteiro, com sua alma, tem tanto direito quanto ele vale pela potência" (III 2). Desse ponto de vista, a democracia como *imperium absolutum* é claramente, aos olhos de Espinosa, o horizonte da política: é o "regime absoluto", diríamos nós, que indica o ideal de todo regime político, isto é, o ponto mais alto da potência (e, portanto, do direito): é o regime ideal, no qual as forças de todos, sem exceção, comporiam a potência pública. Desse ponto de vista, as diferentes formas da democracia estão mais próximas do "regime absoluto" do que os regimes aristocráticos ou monárquico, em que um número grande demais de potências individuais é mantido afastado da potência pública.

*** Na *Carta* 50 a Jelles, Espinosa declara: "a diferença [que há entre mim e Hobbes quanto à política] consiste em que mantenho sempre e em todos os casos o direito natural e em que, numa cidade qualquer, só concedo ao soberano <*supremo magistratui*> direito sobre os súditos na proporção da superioridade de seu poder sobre eles; o que sempre ocorre no estado de natureza". As obras políticas de Espinosa destacaram cada vez mais a continuidade entre o estado de natureza e o estado social, até quase fazer desaparecer a especificidade da política (a democracia como "regime absoluto" já quase não se distinguindo, no limite, da ordem comum da natureza). Assim, o termo *imperium* não podia ser reservado à política enquanto atividade à parte, mas devia poder designar – daí sua riqueza de sentidos e de referências –, mais amplamente que "Estado", um modo exemplar de organização e de composição quantitativa das potências.

Eternidade
Lat.: *Aeternitas* – Fr.: *Éternité*

* O que existe necessariamente, isto é, que não pode não existir, escapa por definição à duração. A eternidade abarca, portanto, ao mesmo tempo a existência e a necessidade (I *def*. 8: "por eternidade entendo a própria existência enquanto concebida como resultante necessária apenas da definição de uma coisa eterna"). Deus, substância constituída de uma infinidade de atributos, "cada um dos quais exprime uma essência eterna e infinita" (I *def.* 6), é portanto evidentemente eterno (V 30 *dem.*: "a eternidade é a própria essência de Deus, na medida em que ela envolve a existência necessária"). Logo, a eternidade de Deus não é uma verdade revelada ou misteriosa da teologia, mas uma verdade evidente, uma banalidade (II 47 *esc.*: "a essência infinita de Deus e sua eternidade são conhecidas por todos"). A questão difícil, em contrapartida, é saber em que medida os homens podem ter acesso a essa eternidade: é o papel reservado à famosa expressão *sub specie aeternitatis*.

** Espinosa declara, em II 44 *cor.* 2, que é "da natureza da razão perceber as coisas *sub specie aeternitatis*": ou seja, "com uma espécie de eternidade" (Appuhn), ou "sob uma espécie de eternidade" (Pautrat), ou "do ponto de vista da eternidade" (Gueroult), ou, ainda, "sob o aspecto de eternidade" (Rousset, Alquié), "sob a forma da eternidade" (Deleuze), "sob o ângulo da eternidade" (Macherey), "sob a espécie da eternidade" (Misrahi), "na categoria da eternidade" (Moreau). A variedade de traduções indica a natureza da solução conceitual: de fato, entender as coisas "sob o aspecto de eternidade" não é de forma nenhuma entendê-las sob uma "aparência" ou uma "aproximação" ou um "reflexo" de eternidade, mas entendê-las adequadamente, na verdade, como Deus ou como a razão as entende. A ligação do "aspecto de eternidade" com a plena e completa eternidade está, aliás, indicada em duas oportunidades em V 23 *esc.*, ou seja, na passagem em que Espinosa declara que "sentimos e experimentamos que somos eternos".

Conhecer as coisas "sob o aspecto de eternidade" e "sentir e experimentar que somos eternos" são definições da salvação ou da beatitude: aliás, as ocorrências da expressão *sub specie aeternitatis* estão quase todas agrupadas nas vinte últimas proposições da *Ética* (ver também V 41 *dem.*). A eternidade da alma, abordada em V 23 *esc.*, não deve ser confundida com a busca de uma imortalidade concebida como desejo de se conservar devido ao medo da morte (V 34 *esc.*). Em V 23 *esc.*, Espinosa imagina não um homem buscando perpetuar em vão sua existência presente, mas, o que é completamente diferente, um homem buscando lembrar-se de sua existência passada (a seus olhos) e incorporal. Ora, nesse texto, Espinosa não deixa aparecer nenhuma reprovação (o tom geral do *escólio* é, ao contrário, de uma elevação sublime) e, mais ainda, não nega de forma nenhuma essa "existência" anterior à existência presente: "é impossível, contudo", escreve ele, com efeito, "que nos recordemos de ter existido antes do corpo, visto que não pode haver no corpo *nenhum vestígio dessa existência*" etc.: mas o fato de não haver "nenhum vestígio dessa existência", como diz Espinosa, embora impeça que se conserve a recordação, supõe, contudo, que tal existência tenha sucedido – ao menos, não o nega. De fato, aos olhos de Espinosa, o erro não está em formular a possibilidade de tal existência, mas em pretender alcançá-la pela memória ou pela imaginação. Com efeito, não é por não haver "mais" traços dessa existência que não podemos recordá-la; a realidade é que "não" há traços dessa existência e, por isso, não há "recordação" possível dela, não porque ela não teria sucedido e, por conseguinte, nenhuma recordação seria capaz de reanimá-la, mas, ao contrário, porque essa existência está aí, *hic et nunc*, plena e completa, e porque o meio de alcançá-la não é a recordação, mas o raciocínio. Logo, o que nos falta para alcançar nossa eternidade não são os traços de uma ausência, mas o caminho rumo ao presente.

*** Quando, por conseguinte, Espinosa declara "que não pode haver no corpo nenhum vestígio dessa existência", devemos entender, como é óbvio, que essa existência não foi, não é e não será temporal, mas também que ela não é e não pode ser no estado de "vestígio", porque não há (por definição) "degradação" do que é eterno, porque não há mais "graus" na eternidade do que na própria existência. Evita-se, assim, levar Espinosa para o lado do misticismo: a eternidade não é alcançada numa saída ou numa despossessão de si, mas, muito simplesmente, aqui e agora, na mais mínima ideia verdadeira; e não é uma eternidade reservada à alma: nosso corpo não pode carregar traços de uma existência passada, mas acompanha nossa eternidade presente: "quem tem um corpo apto a uma grande quantidade de coisas tem também uma alma cuja maior parte é eterna" (V 39). O sentido exato dessa proposição é sem dúvida problemático; mas nada nos textos de Espinosa proíbe ver nela, longe de um corpo transfigurado, o corpo potente e apto "a uma muito grande quantidade de coisas" que os progressos das ciências e da medicina começavam a fazer os primeiros mecanicistas de nossos tempos modernos esperar.

Indivíduo
Lat.: *Individuum* – Fr.: *Individu*

* A concepção espinosista do indivíduo aproxima-se daquela do senso comum, pois os indivíduos são considerados como *compostos*, dotados de uma unidade de composição que permite distingui-los uns dos outros e garante sua permanência apesar das variações que possam intervir neles. Distingue-se dela, contudo, enormemente, pois os indivíduos são também considerados os *componentes* de outros indivíduos.

** A despeito do paralelismo (II 21 *esc.*), o "indivíduo" é manifestamente concebido por Espinosa com base no modelo dos corpos, ou modos da extensão: "Quando um certo número de *corpos* de mesma grandeza ou de grandeza diferente é pressionado pelos outros de tal maneira que se apoiam uns nos outros, ou se, estando em movimento, na mesma velocidade ou em velocidades diferentes, eles comunicam uns aos outros seus movimentos segundo uma certa relação precisa, diremos que esses *corpos* estão unidos entre si e diremos que compõem todos juntos um único *corpo ou indivíduo* <*corpus sive individuum componere*>, que se distingue de todos os outros por essa união dos *corpos*" (II 13 *def.*). A identidade individual não será alterada nem pela nutrição (*ibid.*, *lema* 4), nem pelo crescimento (*lema* 5), nem pelos movimentos no espaço (*lemas* 6 e 7), desde que seja mantida uma "relação precisamente determinada", ou seja, fixa e única (*BT* II *pref.* n. 1 § XIV; *E* II 8 *esc.*; III 57 *esc.*), de movimento e de repouso entre as partes que o compõem. Um indivíduo é, portanto, composto de outros indivíduos, que possuem eles mesmos essa proporção fixa de movimento e de repouso que define a individualidade própria deles.

O corpo humano, por exemplo, é composto de partes individualizadas (*BT diálogo* 2 § 5; *E* IV 60 *esc.*): aliás, os homens muitas vezes perseguem com uma obstinação delirante a satisfação de desejos ligados a esta ou àquela parte de seu corpo (IV 44 *esc.*), como se o indivíduo componente pudesse se impor paulatinamente ao indivíduo composto.

Para Espinosa, as noções de "todo" e de "parte" são, aliás, relativas (*BT* I 2 § 19: "o todo e a parte [sendo] somente seres de razão, não há na natureza nem todo nem partes"; ver também a ficção do "verme que vive no sangue", na *Carta* 32 a Oldenburg). Logo, os indivíduos podem se compor para formar outros indivíduos e, de composição em composição, a natureza naturada inteira será concebida como "um único indivíduo, cujas partes, ou seja, todos os corpos variam de uma infinidade de maneiras sem que o Indivíduo inteiro mude" (II 13 *lema* 7 *esc.*; Deus não é um "indivíduo": não é composto, ele é indivisível – I 13, II 10 *esc.* 1). Os "indivíduos" gerados por esse ponto de vista serão muito diferentes daqueles com que convivemos: o universo dos corpos extensos será um "indivíduo", mas também seus componentes: galáxias, planetas, fenômenos meteorológicos poderão ser considerados indivíduos, dotados de uma proporção fixa de movimento e de repouso e capazes de se destruírem uns aos outros (IV *ax.*). Os Estados, ou corpos políticos (*TP* 3/1, 3/5 etc.: *imperii corpus*), serão, pois, verdadeiros indivíduos, compostos de outros indivíduos (IV 18 *esc.*).

*** O espinosismo geralmente se apresenta como uma filosofia das "coisas singulares" ou dos indivíduos, em oposição às generalidades ou às abstrações (I 8 *esc.*, V 22, 24, 27 e *dem.*, 28, 29, 31 e *dem.*, 36 *esc.*; *TTP* 17: "a natureza não cria nações, mas sim indivíduos"). A composição sem limite dos indivíduos pode, no entanto, levar, paradoxalmente, à sua dissolução, pois nunca podemos estar certos da realidade individual das combinações de coisas singulares às quais atribuímos a individualidade. Logo, não caberá à razão, ou ao conhecimento pelas "noções comuns", conhecer a individualidade, pois "o que é comum a todas as coisas e está igualmente na parte e no todo não constitui a essência de nenhuma coisa singular" (II 37).

Infinito, indefinido
Lat.: *Infinitus, indefinitus* – Fr.: *Indefini, indéfini*

* Desde a sua primeira ocorrência na *Ética*, o único adjetivo latino *infinitus* viu-se traduzido em francês, pela totalidade dos tradutores, de duas formas diferentes "infini" [infinito] e "une infinité de" [uma infinidade de]: "Entendo por Deus um ser absolutamente *infinito* <*ens absolute* **infinitum**>, ou seja, uma substância que consiste em *uma infinidade de* atributos <*substantiam constantem* **infinitis** *attributis*>, cada um dos quais exprime uma essência eterna e *infinita* <***infinitam*** *essentiam exprimit*>" (I *def.* 6). Nem inadvertência nem inconsequência das traduções, na definição do ser infinito por excelência que Deus é, há o sinal evidente da dupla orientação da teoria espinosista do infinito.

** Na famosa *Carta* 12 a Louis Meyer, correntemente chamada "carta sobre o infinito", Espinosa, para resolver completamente a questão do infinito, produz uma série de distinções prévias (substância/modo, ilimitado/não enumerável, entendimento/imaginação), que, caso fossem respeitadas, deveriam, segundo ele, tornar possível distinguir "a) qual infinito não pode ser dividido em partes ou é sem partes, b) qual, ao contrário, é divisível, e isso sem que haja contradição [...]; c) qual infinito pode, sem dificuldade, ser concebido como maior que outro infinito, d) qual, ao contrário, não pode sê-lo" (*ibid.*). Mas, nem na *Carta* 12, nem alhures, Espinosa realiza ele próprio tal programa, deixando para seus comentadores meras conjeturas. A nos atermos aos textos efetivamente escritos, o gesto constante de Espinosa não é distinguir ou reconhecer uma multiplicidade de tipos de infinito. Ao contrário, ele sempre distingue entre o *infinito* único e verdadeiro, concebido pelo entendimento, e seu duplo imaginado ou imaginário, o *indefinido* <*indefinitus*> – distinção essencial saudada por Hegel nas suas *Lições sobre a história da filosofia*. O indefinido, iteração sempre recomeçada, é expresso, seja pelo adjetivo *indefinitus* (II *def.* 5 e *expl.*, III 8 e *dem.*, 9 e *dem.*), seja pelo advérbio *indefinite* (IV 15 *dem.*, 32 *esc.*), seja, em geral, pela expressão frequente "e assim ao infinito" <*et sic in infinitum*> (I 28 e *dem.*, 32 *dem.*; II 7 *esc.*,

9 e *dem.* 1, 13 *lema* 3 e *dem.*, 17, 30 *dem.*, 31 *dem.*). O indefinido é construído pela imaginação a partir do finito (I 28), relacionado com o número e distinguido do infinito (II 9). Somente o entendimento dá acesso ao verdadeiro infinito, cuja característica essencial é ser indivisível pois incomposto (I 13).

*** Ocorre, contudo, que o indefinido evoque o infinito (II 21 *esc.*, V 40 *esc.*) e que, inversamente, o adjetivo *infinitus* remeta a expressões que designam o indefinido (V 6 *dem.*), ou – traduzido então pela expressão "uma infinidade de" – designe uma multiplicidade enumerável e discreta, logo, divisível, ao menos em princípio (I *def.* 6 e *expl.*, I 15 *esc.*, II 49 *esc.*, IV 43 *dem.*). Essa interpenetração entre o infinito e o indefinido, detectável desde a definição de Deus, é apenas uma das formas da expressão mais geral da natureza naturada (infinidade não numérica, qualitativa, dos atributos) na natureza naturante (indefinidade quantitativa e compósita dos modos), que torna impossível, inclusive no emprego dos termos, uma separação total.

Liberdade
Lat.: *Libertas* – Fr.: *Liberté*

* Como muitas outras filosofias, o espinosismo descreve e denuncia a servidão dos homens, descreve e visa sua liberdade (*E* V *título*; *TTP* *subtítulo*, XVI, XX). É "livre" <*liber*> o que é determinado a agir por si só; é, ao contrário, "coagido" <*coactus*> o que é determinado a agir por outra coisa (I *def.* 7). Mas "ser determinado a agir por si só" não significa "fazer o que se quer" e sim obedecer à "necessidade de sua própria natureza". Sendo a liberdade necessidade interior e a coação, necessidade exterior, não se tratará, portanto, de escapar à necessidade (contrassenso corrente sobre a liberdade), mas, de acordo com um esquema bastante clássico da sabedoria, harmonizar-se com ela (IV *apênd.* 32).

** Se a liberdade é a ação feita sem obediência a uma determinação exterior, somente Deus (a quem nada é exterior) será, propriamente falando, causa livre (I 17 *cor.* 2; *C* 58). Por conseguinte, o homem só será livre na medida em que se inserir na racionalidade divina, ou seja, na medida em que agir e pensar segundo a razão (IV 67 *dem.*). Tendo chegado a esse ponto, a liberdade já não se distingue da beatitude (V *pref.*), da salvação (V 36 *esc.*) ou da virtude (II 49 *esc.*, fim). Os homens certamente não nascem livres (IV 68), mas o homem livre, modelo de humanidade, pode ser descrito (IV 67 ss.): ele "não pensa em nada menos do que na morte, e sua sabedoria é uma meditação não da morte, mas da vida" (IV 67); ele não forma "nenhum conceito do bem e do mal" (IV 68); ele é essencialmente apto para a vida em sociedade (IV 73) – pois a razão aproxima tanto quanto os afetos separam –, isto é, apto para formar, por união com outros homens, entidades (sociedades ou Estados) cada vez mais potentes. Portanto, Espinosa denuncia sem descanso a ideia universalmente difundida, e repetida por Descartes, de uma liberdade entendida como "livre-arbítrio" (*C* 21 e 58): essa falsa ideia da liberdade (V 10 *esc.*) consiste em que os homens se creem livres, porque são "conscientes de suas ações e ignorantes das causas que as determinam" (II 35 *esc.*; ver também I *apênd.*, II 3 *esc.*, III 2 *esc.*). E os homens "não se libertam facilmente do preconceito da liberdade" (*C* 58): Espinosa orgulha-se, por exemplo, de ser o único a ter concebido a alma agindo segundo leis determinadas "tal como um autômato espiritual" (*TEI* § 46).

Essa oposição entre verdadeira e falsa liberdade permite apreciar a extraordinária originalidade da *Ética* tomada em seu conjunto no tocante à questão da liberdade ou da "liberação" dos homens. O *Prefácio* da *Quinta Parte* é, com efeito, todo dedicado à retificação do preconceito ainda presente no começo do *TEI*, segundo o qual a "instituição de uma vida nova" dependeria de uma resolução inicial, ou seja, no fundo, do repente de uma vontade. Com efeito, é inútil procurar na *Ética* o momento de uma ruptura decisiva, obra da vontade: precisamente porque, como Espinosa vai se dedicar a mostrar em V *prefácio* (local de uma crítica violenta e explícita das teses de Descartes), é impossível e absurdo conceber o progresso ético como irrupção de uma vontade liberadora no mundo das paixões. Aliás, a própria *Ética* absolutamente não se apresenta como a passagem de uma servidão a uma liberação: diferentemente da alegoria da Caverna ou das *Meditações*, o texto de Espinosa não percorre de modo algum as etapas clássicas do itinerário espiritual, escuridão inicial, dor da entrada na reforma, iluminação progressiva e depois total, e retorno da mente ou da alma esclarecida à realidade comum. Seria, de fato, bem difícil distinguir tais etapas na *Ética*. Aliás, a natureza da obra parece feita para tornar impossível esses recortes: como a *Ética* é demonstrada por um sistema constante de remissão a proposições anteriores, qualquer demonstração deve sua paulatina exatidão às proposições do começo da obra. Portanto, buscar pontos de ruptura ou mesmo etapas claramente distintas, numa suposta linearidade progressiva, seria esquecer a especificidade regressiva da obra: a *Ética* não se divide em "dias" ou em "livros", mas envolve "partes". A "liberação" tantas vezes evocada a respeito de Espinosa não só não aparece no texto, mas não pode aparecer, ainda que o texto possa, sem dúvida, ajudar a conquistá-la.

*** A forma da obra maior de Espinosa está, pois, totalmente de acordo com a concepção da liberdade ali desenvolvida. Nela, o problema tradicional da saída da servidão é tratado de forma completamente original, num texto sem temporalidade, sem ruptura inaugural, sem reviravolta: nem relato passado, nem dramaturgia presente da liberdade, a *Ética* é, pois, o exemplo de um desenvolvimento que não procura escapar de suas próprias condições.

Método
Lat.: *Methodus* – Fr.: *Méthode*

* O termo "método" está no cerne do *Tratado da emenda do intelecto* (§ 26 ss.), onde Espinosa trata dos dois problemas clássicos que a questão do método em filosofia levanta: a) como evitar a regressão ao infinito que fará com que eu me pergunte por qual método provo que meu método é o correto etc.; e b) como, no fundo, o método pode se distinguir da exposição da própria verdade, ou seja, da filosofia? (a *Ética* não trata de método – apenas duas ocorrências do termo, em II 40 *esc.* 1 e III *pref.*).

** a) Espinosa resolve de maneira prática, e não teórica, a questão da regressão ao infinito do método (como elaborar um método sem método?), referindo-se primeiro, com bom senso, aos êxitos que os homens obtiveram no campo do conhecimento: é incontestável que os homens conseguiram aumentar seu saber, e seria absurdo negá-lo em nome de uma pretensa "lógica", neste caso, sofística (§ 29: "para estabelecer a verdade e fazer bons raciocínios, não precisamos de outros instrumentos senão da própria verdade e do bom raciocínio: confirmei um bom raciocínio e ainda me esforço por justificá-lo raciocinando bem"). As famosas expressões do *TEI* (§ 29: "a verdade se dá a conhecer a si mesma" <*veritas se ipsam patefacit*>[1]; ver também os §§ 38 e 69) e da *Ética* (II 43 *esc.*: "a verdade é norma de si mesma e da falsidade" <*veritas norma sui et falsi est*>; ver também I *ax.* 6 e II *def.* 4) devem receber, desse ponto de vista, um sentido prático: o verdadeiro é norma dele mesmo no sentido de que prova por seus sucessos e seus resultados sua natureza de verdadeiro, que é efetivamente uma potência. Esse ponto de vista é confirmado no § 60 do *TEI*: o falso mostra a si mesmo no fracasso da dedução e o verdadeiro em seu sucesso. O outro argumento utilizado por Espinosa para escapar do círculo vicioso do começo da pesquisa metódica é o de "uma potência nativa <*vis nativa*> do entendimento" (§ 26). Aqui começa a ganhar sentido a célebre definição que fecha o § 27[2]: "o bom método é portanto aquele que mostra como a mente deve ser dirigida segundo a norma da ideia verdadeira dada" <*unde illa bona erit methodus, quae ostendit, quomodo mens dirigenda sit ad datae verae ideae normam*>. Ideia verdadeira "dada", quer dizer, "dada em nós", "inata" (*TEI* § 26 n. 1, 27 n. 1, 28; ver também § 61 fim). Aliás, é somente nessa condição (no fundo comparável, em princípio, à presença do verdadeiro dado na alma sem que ela o saiba, na teoria platônica da reminiscência) que a emenda do intelecto pode evitar uma regressão ao infinito, pode, portanto, muito simplesmente começar. A "ideia verdadeira dada" é, claro, por excelência a ideia de Deus, como Espinosa dá a entender sem ambiguidade no § 28. Mas Espinosa nunca diz, no *Tratado da emenda do intelecto*, que o método deva partir somente da ideia de Deus, com exclusão das outras ideias: muito pelo contrário, deixa bem claro, por exemplo no § 32[3], que o método pode partir da consideração de uma ideia verdadeira "qualquer". Logo, o bom método é, finalmente, "aquele que mostra como a mente deve ser dirigida segundo a norma de *uma* ideia verdadeira dada" (§ 27).

b) No § 27 do *TEI*, Espinosa trata da difícil questão da relação entre o método e a ideia verdadeira: se o método é idêntico à ideia verdadeira, não há necessidade de método; e se ele difere, como poderia ajudar a verdade? Espinosa começa por desvalorizar a noção de reflexividade: "para saber, não necessito saber que sei", antes de parecer voltar a ela na definição do método exposta no final desse mesmo parágrafo[4]: "Daí se deduz que o método nada mais é senão o conhecimento reflexivo ou a ideia da ideia <*unde colligitur, methodum nihil aliud esse, nisi cognitionem reflexivam, aut ideam ideae*>." Tomada em toda a sua generalidade, a dificuldade aqui é conciliar duas séries de afirmações aparentemente inconciliáveis; as primeiras parecem excluir qualquer exterioridade do método com relação à ideia verdadeira ("o verdadeiro método não consiste em buscar a *marca* pela qual se reconhece a verdade depois de adquirir as ideias"; ou ainda: "para ter certeza da verdade, *não é necessária nenhuma marca* afora ter a ideia verdadeira"); e as segundas, ao contrário, parecem exigir essa exterioridade com relação à ideia verdadeira (principalmente a definição do método em termos de "conhecimento reflexivo"). A questão se elucida, contudo, quando se considera o sentido das análises que abrem o § 27[5]. Com efeito, ao distinguir "o círculo" de "a ideia de círculo", Espinosa nos adverte para jamais confundir, mesmo na intuição do verdadeiro, a ideia e aquilo de que ela é ideia, mesmo que aquilo de que a ideia é ideia ainda fosse uma ideia. Uma ideia verdadeira é, portanto, sempre uma relação entre dois termos. Nem mais, nem menos. *Nem mais*: em outras palavras, um terceiro termo é inútil para o reconhecimento da ideia verdadeira: ela é uma relação particular e única entre a ideia e aquilo de que ela é ideia. Nenhuma "marca" suplementar é de alguma ajuda aqui, pois seria preciso que a relação entre a "marca" e a ideia fosse mais íntima que a relação entre a ideia e o ideado, o que é impossível no caso do verdadeiro. Portanto, a "marca" é recusada por Espinosa, não como "segundo" termo, mas sim como "terceiro". *Nem menos*: em outras palavras, é impossível conceber uma fusão entre ideia e ideado, ou entre essência objetiva e essência formal. Nem mesmo a ideia verdadeira pode ser simultaneamente formal e objetiva: não pode ser a intuição de si própria. Ela só será conhecida como verdadeira quando tomada como ideado por uma outra ideia: a ideia da ideia verdadeira. Logo, deve-se distinguir o plano da certeza, sem reflexividade (para saber, não necessito saber que sei, porque a certeza provém da percepção direta da relação existente entre a ideia verdadeira e seu ideado), do plano do método, que envolve a reflexividade (isto é, a apresentação e o saber dessa relação). O método é, pois, o saber (reflexivo, secundário) do que produz a certeza (diretamente) na ideia verdadeira.

*** Logo não há, no fundo, contradição no § 27 do *TEI*. E, quando Espinosa escreve, no § 41[6]: "é certo que o pensamento verdadeiro se distingue do falso não apenas por um caráter extrínseco, mas principalmente por um caráter intrínseco", ele não abole, contrariamente ao que se pode pensar, a dualidade interna a toda ideia. "Intrínseco" não quer dizer "simples", mas "interior"; e esse termo não qualifica simplesmente a ideia, mas sim a relação, interior a toda ideia, entre ela mesma e seu objeto (que pode ser, como se sabe, uma outra ideia). O que aqui é recusado é um critério de verdade exterior a essa dualidade fundamental (ver II 21 e *esc.*; II 43 e *esc.*).

1. Na versão da coleção "Os Pensadores", ed. Abril, bem como em outras traduções francesas consultadas, estas duas últimas passagens encontram-se nos §§ 44 e 46 respectivamente. [N. da T.]
2. *Idem*, §§ 31 e 38, respectivamente. [N. da T.]
3. *Idem*, § 49. [N. da T.]
4. *Idem*, §§ 35 e 38, respectivamente. [N. da T.]
5. *Idem*, § 33. [N. da T.]
6. *Idem*, § 69. [N. da T.]

Modelo
Lat.: *Exemplar* – Fr.: *Modèle*

* O modelo é o que uma semelhança visa. Na filosofia de Espinosa, a reflexão sobre o modelo desenvolve-se, por um lado, a respeito da teoria das ideias e, por outro, a respeito da natureza humana.

** Em suas primeiras obras, e sob a influência de Descartes, Espinosa estabelece entre uma ideia e seu objeto (seu "ideado") a dupla relação entre causa e efeito e entre modelo e imagem. Com efeito, uma ideia é, em primeiro lugar, o efeito de uma certa causa: daí o nome de "prova pelos efeitos" dada à primeira das provas da existência de Deus nas *Meditações* (e retomada por Espinosa nos *Princípios da filosofia de Descartes*), cujo princípio é postular que há "ao menos a mesma medida de" realidade na "causa" de uma ideia (ou seja, em seu objeto, seu ideado, ou naquilo de que ela é a ideia): por isso, o ideado ou a causa da ideia de infinito (primeiramente dada em mim) tem de ser um ser infinito, Deus. Esse princípio de degradação ontológica da ideia com relação a seu ideado-causa vem, no entanto, acompanhada e é compensada por uma segunda relação (de semelhança) entre ideia e ideado: a ideia é efeito, mas também imagem de sua causa-modelo (*C* 2 a Oldenburg: "o entendimento humano" deve "se harmonizar com o universo" como um "espelho" que, refletindo também os raios luminosos, não "deformasse" "as coisas"). Descartes e Espinosa muitas vezes descuidam de distinguir essas duas relações (Descartes, *Princípios* I 17: "porque todo o artifício que é representado na ideia que esse homem tem, assim como em um *quadro*, deve estar em sua primeira e principal *causa*" etc.; Espinosa, *Principia* I *ax. 9 expl.*: a comparação dos livros e o retrato), porque só a confusão delas possibilita a demonstração da existência de Deus: com efeito, é necessário que a ideia-efeito seja inferior em realidade à sua causa, mas também que a ideia-imagem se assemelhe a seu modelo. Na ausência de tal semelhança, como saber reconhecer como seu objeto o objeto que é causa de uma ideia? Logo, a dupla relação causa-efeito e modelo-imagem permite, nas provas *a posteriori* da existência de Deus, obter a relação desejada entre ideia e ideado em toda a sua complexidade: inferioridade no ser – donde dessemelhança – e/mas vínculo ontológico exclusivo – por semelhança.

Na *Ética*, a marginalização da doutrina dos "graus de realidade" veio naturalmente acompanhada de um distanciamento da concepção da ideia como "imagem" ou como "efeito" de seu ideado. Contudo, perto do final do *Prefácio* da *Quarta Parte* – longa meditação crítica sobre a categoria filosófica fundamental de "modelo" –, Espinosa declara desejar "formar uma ideia do homem" que possa valer como "modelo da natureza humana" <*tanquam naturae humanae* **exemplar**>. Esse "modelo da natureza humana" acaba ocupando o primeiro plano no trajeto espinosista rumo à liberdade, pois será dito que os homens são "mais perfeitos ou mais imperfeitos na medida em que se aproximem mais ou menos desse mesmo modelo". Tais concepções (construindo uma concepção transcendente do homem), que podem surpreender numa filosofia da imanência e da necessidade, fazem eco com preocupações presentes desde o *TEI*: o "sumo bem", *isto é, a aquisição de uma outra natureza, mais forte que a sua*, era, com efeito, descrito por Espinosa (com favor e fervor) como a aquisição de uma "natureza humana muito superior em força à sua" <*naturam aliquam humanam suâ multo firmiorem*>, sendo todo meio para alcançá-lo então chamado "bem verdadeiro" <*verum bonum*>, ou "sumo bem" <*summum bonum*> se fosse possível compartilhar essa natureza com outros indivíduos. "Tal é, pois, o fim a que tendo", concluía Espinosa: "adquirir uma natureza assim <*talem scilicet naturam acquirere*> e dar de meu melhor para que muitos a adquiram comigo". O plano de trabalho projetado por Espinosa para adquirir essa "suma perfeição humana" <*summam humanam perfectionem*> (*TEI* § 5[1]) parecia-se, aliás, em muitos pontos com aquele projetado por Descartes na sexta parte do *Discurso do método*, que o levava, com algumas linhas de intervalo, a ver de maneira quase profética os homens do futuro não só "como senhores e donos da natureza", mas também "livres", graças à medicina, "de uma infinidade de doenças, tanto do corpo como da mente, e *até talvez também do* *enfraquecimento da velhice*", forma mal disfarçada em Descartes de imaginar o triunfo da humanidade sobre a própria morte – sendo que, aos olhos de Espinosa, Cristo (modelo de humanidade) sem dúvida teria inaugurado (ou mostrado) o caminho, nesse aspecto como em tantos outros.

*** "Modelo" supõe "imperfeição": fica, portanto, fácil perceber a que ponto a noção de "modelo" deve ser problemática num sistema que identifica "realidade" e "perfeição". De fato, Espinosa só escapa da atração cartesiana constituindo uma teoria totalmente original da ideia, nem imagem nem efeito de seu ideado (mas efeito de outras ideias). Mas a presença, em *Ética* IV *pref.*, da referência a um "modelo da natureza humana" é o traço insistente, numa filosofia muitas vezes considerada (e que também muitas vezes se apresenta) como simplesmente constativa descritiva, e compreensiva (III *pref.*; *TP* I 4), da ambição prometeica característica da modernidade nascente.

1. *Idem*, § 16. [N. da T.]

Modo
Lat.: *Modus* – Fr.: *Mode*

* Espinosa emprega o termo *modus*, "modo", ora de acordo com o latim clássico, para designar uma "maneira" ou uma "forma" de ser; ora de forma, se não inteiramente original, ao menos característica de seu sistema e de seu vocabulário, para designar um certo tipo de seres: "entendo por modo as afecções de uma substância, em outras palavras, o que é em outra coisa e também é concebido por essa outra coisa". Os dois empregos do termo muitas vezes são simultâneos, à imagem de I 25 *cor.*, onde as "coisas particulares" são definidas como "modos" <*modi*> "pelos quais os atributos de Deus são expressos de uma *maneira* precisamente determinada" <*certo et determinato* **modo** *exprimuntur*>. Os tradutores franceses de Espinosa (com exceção de Pautrat) recorrem a essa dupla tradução, que sem dúvida mascara e/ou revela uma dupla orientação da noção[1].

** "Ser em outra coisa" não deve ser entendido positiva e espacialmente (à maneira como bolas "estão em" um saco), mas negativamente, por oposição ao "ser em si" do atributo (I *def.* 4). O modo "é em outra coisa" na medida em que deve sua existência a outra coisa: ele não se produz, não é "causa de si" (I 7 e *dem.*), mas causado ou produzido "por outra coisa". O modo, numa palavra, "é em outra coisa" no sentido de que tem seu ser ou sua existência em outra coisa que não ele mesmo: sua existência é contingente, não pode ser deduzida de sua definição (*C* 10 e 12, *E* I 8 *esc.* 2). Daí decorre que o modo seja "concebido por outra coisa", não porque não possa conceber a si próprio (já que os homens, que são "modos" – II 10 *cor.* –, concebem-se a si próprios assim como – V 4 – concebem Deus – II 47), mas pelo fato de não poder ser diretamente concebido ou concebido isoladamente (isso equivaleria a formar uma ideia "mutilada" dele e, portanto, inadequada), mas somente em ligação com a substância (*por* meio ou *por* intermédio da substância), de que ele depende, portanto, tanto no plano do conhecimento quanto no da existência (I 15 *dem.*: "os modos não podem nem ser nem ser concebidos sem a substância"). Essa dependência subordina a tal ponto o "modo" à "substância" que houve quem visse nos "modos" espinosistas seres mais ilusórios que reais, aproximando assim o espinosismo de uma forma de filosofia oriental em que as manifestações têm uma existência apenas superficial, transitória, evanescente. Vários textos de Espinosa insistem, contudo, na distinção e na heterogeneidade desses dois tipos de realidade (*C* 12: a existência dos modos difere totalmente da existência da substância; os modos se explicam pela duração e a substância, pela eternidade), até a divisão de toda forma de realidade em "natureza naturante" e "natureza naturada", ou seja, em "substância" ou "atributos" e em "modos" (I 29 *esc.*), com exclusão de qualquer outra divisão ou de qualquer outro tipo de realidade além desses dois (*Pensamentos metafísicos* II 1; *E* I 15 *dem.* fim, I 28 *dem.*): desse ponto de vista, os "modos" não são "acidentes" (*PM* I 1), mas sim "coisas singulares" (*E* II 8).

O recorte da substância em "atributos" e "modos", a um só tempo estreitamente dependentes e radicalmente distintos, sem dúvida obrigava a conceber o lugar de sua junção de alguma maneira. É a função da dedução dos "modos infinitos" (I 21 a 23), que pertencem à "natureza naturada", já que são "modos", embora conservem algo da "natureza naturante", já que são "infinitos". Distingue-se em geral, ainda que essas expressões não façam, estritamente falando, parte do vocabulário de Espinosa, os "modos infinitos imediatos" (ver I 28 *esc.* começo), ou seja, que "resultam da natureza absoluta de um atributo de Deus" (I 21), e os modos finitos "mediatos" que resultam dos primeiros (ou seja, de um atributo de Deus já "modificado"). Na *Carta* 64 a Schuller, Espinosa dá exemplos dos modos infinitos dos únicos dois atributos que conhecemos: o "modo infinito imediato" do pensamento seria "o entendimento absolutamente infinito", o da extensão, "o movimento e o repouso"; o "modo infinito mediato" da extensão seria "a figura do universo inteiro" <*facies totius universi*> (nosso universo na sua totalidade seria, pois, apenas o modo infinito mediato de um dos atributos em número infinito da Substância…); Espinosa não dá exemplo do "modo infinito mediato" do pensamento.

*** A doutrina dos "modos infinitos" fornece argumentos àqueles que (como Hegel) quiseram ver no espinosismo uma filosofia da emanação, a substância difundindo sua energia, à maneira do Uno de Plotino, em realidades cada vez mais afastadas, os atributos, depois os "modos infinitos imediatos", depois os "modos infinitos mediatos", para chegar por fim aos "modos finitos", ou seja, às coisas singulares, que, portanto, nada mais seriam que um longínquo reflexo da substância. Com efeito, os "modos infinitos" lembram ao mesmo tempo a substância (por sua infinidade) e os modos finitos (por sua divisibilidade – ver II 11 *cor.*, IV 2, V 40 *esc.*). No entanto, isso seria desconsiderar I 23, onde Espinosa se opõe à busca indefinida de mediações entre os modos "infinitos" e os modos "finitos". De fato, o espírito do espinosismo é bem menos o de conceber os modos como longínquos reflexos da substância do que como seres com plenos direitos nos quais ela se exprime plenamente. De forma mais geral, talvez surpreenda ver que Espinosa insiste em considerar como seres os "modos" e os "atributos", tradicionalmente concebidos como qualificações (*Pensamentos metafísicos* I 1: *ens reale, sine modus*), como se o gesto único e constante da doutrina fora o de rechaçar a "qualidade oculta" conduzindo a qualidade ao ser.

1. O mesmo comentário é válido para as traduções em português, que recorrem a idêntico expediente. [N. da R.T.]

Necessário, contingente, possível, impossível

Lat.: *Necessarius, contingens, possibilis, impossibilis* – Fr.: *Nécessaire, Contingent, Possible, Impossible*

* "Não é da natureza da razão contemplar as coisas como contingentes, e sim como necessárias" (II 44). A filosofia de Espinosa, racionalismo absoluto, é, portanto, uma filosofia da necessidade, no que pode ser aproximada de um fatalismo (I 33). O "necessário", contudo, não se opõe ao "livre" (com efeito, é "livre" o que existe "apenas pela necessidade de sua natureza" – I *def.* 7), mas ao "coagido" (*coactus*), isto é, o que obedece a uma necessidade exterior (vamos, portanto, desconsiderar como mera inadvertência a assimilação entre "necessário" e "coagido" em I *def.* 7), ou ao "contingente".

** As relações entre as quatro noções (necessário, contingente, possível e impossível), que hoje talvez designássemos sob o nome de "categorias da modalidade" (apesar de o termo "modalidade" não ser empregado por Espinosa, ainda que ele se apoie, em I 15 *esc.*, na diferença entre "distinção real" e "distinção modal" – única ocorrência do termo *modaliter* na *Ética*), são explicadas por Espinosa em dois lugares complementares da *Ética*, a saber I 33 *esc.* 1 e IV *def.* 3 e 4. O sistema das noções é completo: uma coisa é dita "necessária" ou "impossível", "seja em razão de sua essência, seja em razão de sua causa"; em outras palavras, uma coisa é "necessária" se sua essência envolve a existência ou se nenhuma causa exterior pode impedi-la de existir (reconhece-se aí os dois principais argumentos desenvolvidos por Espinosa nas demonstrações da existência de Deus em I 11); e uma coisa é "impossível" se sua essência ("ou definição") implica contradição (por exemplo, um círculo quadrado ou "uma vela que arde sem arder" – *TEI* § 36) ou se não existe "causa exterior" determinada para produzi-la (nesse caso, é mais difícil dar exemplos de "coisas impossíveis", ainda que se possa pensar nas "árvores que falam" do *TEI* (§ 40)[1] ou nas "mesas que comem grama" do *TP* (IV 4) – mas devemos permanecer prudentes nesse gênero de atribuições de impossibilidade precisamente na medida em que "não sabemos o que um corpo pode", como insiste Espinosa em III 2 *esc.*). O termo "contingente" <*contingens*> aparece pela primeira vez na *Ética* em I 29 e, de acordo com o necessitarismo da doutrina, é para ver recusada qualquer consistência ontológica: "Não existe nada de contingente na natureza das coisas, mas todas são determinadas pela necessidade da natureza divina de existir e de operar de maneira precisa <*certo modo*>." "Possível" e "contingente", embora tenham em comum, segundo Espinosa, decorrer tão só de um "defeito de nosso conhecimento" (ver *Pensamentos metafísicos* I cap. 3), distinguem-se, porém, pelo fato de que "contingente" deverá ser reservado para o "defeito de conhecimento" relacionado com as *essências*, ao passo que "possível" deverá ser reservado para o "defeito de conhecimento" relacionado com as *causas*. Talvez surpreenda ler, em II 31 *cor.*, que "todas as coisas particulares são contingentes e corruptíveis", depois de ter sido mostrado que não existia nada de contingente na natureza. Mas Espinosa toma o cuidado de restringir a uma modalidade de nosso conhecimento tal imputação e não a um modo de ser: se "todas as coisas particulares são contingentes e corruptíveis" é porque "não podemos ter de sua duração nenhum conhecimento adequado" e "é isso que se deve entender por contingência e corruptibilidade das coisas". A distinção entre "possível" e "contingente" é utilizada para hierarquizar, em *Ética* IV, a "intensidade" dos afetos (IV 12: "um afeto por uma coisa que sabemos não existir no presente e que imaginamos possível é, em iguais circunstâncias, mais intenso que por uma causa contingente"; ver também IV 13). Mas, como indica V 5, o maior de todos os afetos que nos afetam é aquele "relativo a uma coisa que imaginamos simplesmente <*simpliciter*>, e não como necessária, nem como possível, nem como contingente". Essa determinação puramente negativa e que, por isso, poderia ficar misteriosa é felizmente explicitada por Espinosa na demonstração dessa proposição: imaginar uma coisa "simplesmente", isto é, nem como necessária, nem como possível, nem como contingente, é, finalmente, imaginá-la "como livre", ou seja, "ignorando as causas que a determinaram a agir" (*ibid.*).

*** Uma filosofia da necessidade faz a ontologia recuar ante a lógica: supõe-se que as modalidades se apliquem ao ser. Como há o "impossível", o "possível", o "necessário", haverá coisas ou seres "impossíveis", "possíveis" ou "necessários". O grande ausente da modalização é, então, o próprio ser: o que "é necessariamente" é "mais" do que o que "é"? A recusa das categorias "intermediárias" da modalidade (o "possível" e o "contingente") vai, sem dúvida, como o abandono da doutrina dos "graus de realidade", na direção da univocidade do ser característica do espinosismo. Restaria indagar o que se ganha falando em termos de "ser necessário" e não simplesmente em termos de "ser".

1. *Idem*, §§ 57 (acima) e 58, respectivamente. [N. da T.]

Ordem
Lat.: *Ordo* – Fr.: *Ordre*

* A palavra "ordem" aparece no subtítulo da *Ética* "demonstrada segundo a *ordem* geométrica" <*Ethica/**Ordine** Geometrico Demonstrata*>. A exposição segundo a ordem geométrica da racionalidade concorda em profundidade com a ordem da natureza, ela mesma racional, necessária, fundamentada em Deus (I 33).

** O acordo entre a ordem das ideias e a ordem das coisas é o paralelismo: "a ordem e o encadeamento das ideias é o mesmo que ordem e encadeamento das coisas" (II 7). Desse ponto de vista, a salvação poderá aparecer, de forma totalmente estoica, como acordo da razão com a ordem da natureza, como indica Espinosa nas derradeiras linhas da *Ética* IV (*apênd.* 32). No entanto, o acesso a essa ordem real e racional se vê dificultado na própria medida em que superpomos a ela uma ordem imaginária e fictícia, fundamentada nos hábitos, nos preconceitos etc. e que nos leva a classificações ou a agrupamentos ilusórios. Assim, por exemplo, "o juízo que fazemos acerca da *ordem das coisas* e do nexo das causas para podermos determinar o que é bom ou mau para nós presentemente é mais imaginário que real" (IV 62 *esc.*). Por isso, a inadequação define-se com referência a essa ordem imaginária da natureza: "toda vez que a alma humana percebe as coisas *a partir da ordem comum da natureza*, ela não tem um conhecimento adequado, mas somente um conhecimento confuso e mutilado de si própria, de seu corpo e dos corpos exteriores" (II 29 *cor.*). Portanto, não espantará ver a noção de "ordem" figurar entre os alvos de I *Apêndice*: "Como se a ordem, exceto em relação à nossa imaginação, fosse algo na natureza!" exclama, com efeito, Espinosa – em que se percebe o vestígio de uma apreensão possível da natureza como caos (*Carta* 30). Essa dualidade entre uma "ordem" racional e real e uma "ordem" imaginária que nos impede o acesso à primeira torna possível compreender, sobretudo, a dupla fonte da crítica espinosana dos milagres: com efeito, os milagres são impossíveis, tanto do ponto de vista da ordem real da natureza (que, sendo plenamente racional, não autoriza nenhuma derrogação) quanto do ponto de vista da ordem imaginária (os acontecimentos que julgamos sobrenaturais nada mais são, em realidade, senão fatos que questionam nossos preconceitos sobre a ordem das coisas). Também torna possível resolver os paradoxos da "ordem comum da natureza". Se a liberação ética supõe, de fato, o conhecimento da "ordem comum da natureza" <*ordo communis naturae*> (pois o conhecimento do "terceiro gênero" provém do conhecimento do "segundo gênero", e este é por sua vez o conhecimento pelas "noções comuns"), esse conhecimento é tanto mais difícil para nós na medida em que conhecemos "*segundo* a ordem comum da natureza" <*ex communi naturae ordine*>. Com efeito, conhecer "segundo a ordem comum da natureza" é conhecer segundo nossos afetos, nossos desejos, nossas limitações e nossas determinações particulares, aos quais estamos necessariamente submetidos (à pergunta feita em III *pref.*: o homem segue ou perturba a ordem da natureza?, Espinosa responde explicitamente em IV *cor.*, IV 57 *esc.* e em IV *apênd.* 7 que o homem segue necessariamente a ordem da natureza). O conhecimento "*segundo* a ordem comum da natureza" (que nos sujeita) é portanto o maior obstáculo para o conhecimento "*da* ordem comum da natureza" (que nos libertaria) (II 29 *esc.*; II 30 *dem.*; IV *apênd.* 32 fim). Somos, enfim, ainda mais facilmente submetidos à "ordem comum da natureza" quanto mais a ordem dos afetos, assim como a das afecções, depender do "paralelismo". Deveríamos, sem dúvida, distinguir o que advém segundo a "ordem das afecções do corpo humano" do que é produzido segundo a "ordem do intelecto" (II 18 *esc.*); mas o "paralelismo" próprio ao sistema espinosista leva a aproximá-las (III 2 *esc.*, começo). Essa doutrina é o fundamento da inversão ética que ocorre em V 1. Mais ainda, não haveria possibilidade de escapar à servidão dos afetos se não fosse possível classificá-los, de alguma maneira, sob uma certa "ordem", acessível ao entendimento, ou seja, sobre a qual o intelecto tenha domínio. Por isso Espinosa recorre à expressão à primeira vista obscura de "ordem para o entendimento" <*ordo ad intellectum*>, que serve para designar não uma ordem intelectual em si mesma, mas uma ordem introduzida nas afecções e nos afetos e "válida para o intelecto" (como propõem alguns tradutores) (V 10). A demonstração dessa proposição indica expressamente que os próprios "afetos" podem e devem, na medida do possível, ser "ordenados e encadeados seguindo uma ordem para o intelecto". Espinosa entende isso como a adoção de uma regra de vida exterior e coercitiva, mediante a qual nós mesmos tentamos nos habituar a ter reações que estejam de acordo com a instituição de uma vida racional, mesmo que esta não esteja ainda plenamente instituída. Dessa forma, a "ordem para o entendimento" preparará a "ordem do entendimento".

*** Não existe ordem sem fixidez das qualidades (essências individuais, específicas etc.). As dualidades e paradoxos da noção de "ordem" exprimem, pois, a dificuldade central do sistema: distinguir as qualidades reais das qualidades ilusórias.

Potência
Lat.: *Potentia* – Fr.: *Puissance*

* Costuma-se opor, desde Aristóteles bem como na conversa diária, o que é "em potência" ao que é "realizado" ou "em ato", como se opõe o "virtual" ao "real". Portanto, a noção de "potência" costuma envolver, explícita ou implicitamente, uma certa negatividade, o que é "em potência" sendo concebido como incompleto, inacabado ou por realizar. Em Espinosa, ao contrário, a potência é positividade, ser, afirmação. É uma posição original e difícil.

** a) POTÊNCIA E ESSÊNCIA. O espinosismo é geralmente (e com razão) considerado uma filosofia da "potência" (Deleuze 1981 143: "toda a *Ética* se apresenta como uma teoria da potência, por oposição à moral como teoria dos deveres"). Contudo, na *Ética,* o termo *potentia* não é objeto de nenhuma definição direta, somente de uma série de comparações ou identificações. Assim, segundo I 34, "A potência de Deus é sua própria essência <*Dei potentia est ipsa ipsius essentia*>": em outras palavras, não cabe distinguir em Deus o ser do agir (cf. II 3 *esc.*: "a potência de Deus não é senão a essência ativa de Deus <*Dei actuosa essentia*>"). Esse recuo do ser para o agir pode, aliás, tornar difícil a compreensão de II 7 *cor.* ("a potência de pensar de Deus é igual à sua atual potência de agir <*Dei cogitandi potentia aequalis est ipsius actuali agendi potentiae*>"), que não será entendida nem como uma identificação da "potência de agir" com a "potência de pensar" (pois, diferentemente de I 34, Espinosa não diz em II 7 *cor.* que "A *é* B", mas que "A *é igual a* B"), nem (contrariamente ao que Deleuze afirma) como evocação de "potências" distintas das dos atributos (devido à equivalência, em II 21 *esc.*, de "resultar da potência de pensar" e de "ser concebido sob o atributo pensamento", confirmada em III 11 pela ligação do que pertence ao "corpo" com a "potência de agir" e do que pertence à "alma" com a "potência de pensar"). Quando, em II 7 *cor.*, Espinosa fala de "igualdade" da "potência de pensar" e da "potência de agir", entende, pois, não que essas "potências" "dividam" entre si Deus ou a Substância, que não têm "partes", mas que, a exemplo dos atributos, a "potência de pensar" e a "potência de agir" exprimem "igualmente" Deus sem, por isso, dividi-lo. A determinação da essência pela potência caracteriza, ademais, os modos como ela caracteriza Deus, segundo fórmulas semelhantes a I 34 (III 7 *dem.*: "A *potência* ou o esforço pelo qual [uma coisa qualquer] se esforça por perseverar no ser não é senão a própria *essência* dada ou atual da coisa"), ou exatamente calcadas em I 34 (III 54 *dem.*: "o esforço ou potência da alma é sua própria essência <*mentis conatus sive potentia est ipsa ipsius essentia*>"): a identificação da essência com a potência é, pois, válida universalmente, tanto na natureza naturada como na natureza naturante.

b) OUTRAS CARACTERIZAÇÕES DA POTÊNCIA. A potência, que define a essência de Deus assim como de toda coisa singular, é caracterizada, por sua vez, ao longo de toda a *Ética*, por sucessivos traços. Assim, ela é relacionada com a existência (I 11 *dem.*: "poder não existir é impotência e, ao contrário, poder existir é potência"), com o "existir" e com o "perseverar no ser" (III *def. ger. af. expl.*). Mais precisamente, a potência da alma humana define-se pela "razão" (III 3: a potência da alma é a parte "adequada" ou "ativa" do que "resulta da natureza da alma"; ver também IV *apênd.* 3: "a potência do homem, ou seja, a razão") e, portanto, pela "virtude" (IV 52 *dem.*, IV *apênd*. 25: *humana virtus seu potentia*). O conjunto dessas determinações constitui o fundo a partir do qual se entende a determinação, mais própria da *Ética* V, da "potência da alma" como "inteligência" (V *pref.*: "a potência da alma [...] define-se só pela inteligência"), como "potência de pensar" (V 4 *esc.* fim, V *dem.*), "potência de conhecer" (III 59 *dem.*), ou seja, como "esforço de compreender" (V 10 *dem.*) – sem que pelo termo "esforço" <*conatus*> se deva entender a "tentativa" feita para compreender, mas sim o próprio ato da compreensão, ou seja, a própria atividade da alma (III 28 *dem.*). Contudo, a "potência da alma" não é caracterizada exclusivamente pela racionalidade. Espinosa considera, por exemplo, em III 11 *esc.*, a "potência da alma" como potência de "imaginar" e de "recordar". Aqui, a "potência de imaginar" de forma nenhuma é uma "faculdade de imaginar": é a imaginação como positividade, como "afirmação" da existência presente de uma coisa singular. Espinosa chega até a considerar este ou aquele afeto como "potência da alma": por exemplo, a "clemência" (III *apênd*. 38 *expl*.), ou ainda a "temperança, a sobriedade e a castidade" (III *apênd*. 48 *expl*.) – "potências da alma", ou seja, claro, não "disposições" e menos ainda "predisposições", mas atos "resultantes da natureza da alma", pelos quais ela se "afirma" ou "persevera no seu ser".

c) POTÊNCIA E PODER (*POTENTIA* E *POTESTAS*). A crítica espinosista das posições de Descartes visa frequentemente a noção de "poder" <*potestas*>, de tal modo que há quem veja no espinosismo uma filosofia da "potência" *por oposição* a uma filosofia do "poder". Os textos efetivamente escritos por Espinosa obrigam a uma apreciação mais nuançada. A oposição entre "potência" e "poder" é, de fato, particularmente visível em V *pref*., onde Espinosa critica Descartes e os estoicos por terem concebido o domínio sobre as paixões na forma de um "poder absoluto" da vontade, antes de defender sua própria tese de uma "potência" da razão. Através da *potestas* é, aliás, quase sempre Descartes que é visado (I 33 *esc*. 2; ver também II 49 *esc*., resposta à "segunda objeção" e III 2 *esc*.). Com efeito, com a ideia de *potestas*, Espinosa rejeita as ideias de decreto arbitrário, de livre vontade, de "império" sobre, ou seja, finalmente, de contingência, de fortuna ou de acaso: noções que o sistema recusa (ver, por exemplo, as *introduções* e *prefácios* das três últimas partes da *Ética*) como sendo formas de um mesmo erro, que consiste em crer na possibilidade de uma distância com relação a uma natureza dada e por conseguinte, em valorizar ou desvalorizar essa distância, na glorificação do "livre-arbítrio" ou no repúdio dos "vícios". Contudo, em vários lugares, Espinosa evidentemente desconsidera a distinção entre *potentia* e *potestas*. Por exemplo, I 35 é formulada em termos de *potestas*, embora se refira e se apoie em I 34, pedra angular da teoria espinosista da *potentia* (cf. acima). Mesmo fenômeno em IV *def*. 8, em IV *apênd*. 32 fim, em V 29 *dem*. e, sobretudo, em V 42 *dem*.: com efeito, surpreende ver Espinosa, na demonstração da última proposição da *Ética*, considerar visivelmente como equivalentes os dois termos *potentia* e *potestas*.

*** A crítica das noções de possibilidade ou de virtualidade é um aspecto característico do espírito mecanicista do século XVII: a ciência vai se afastar das "virtudes" das coisas, isto é, de suas "qualidades ocultas", para tentar construir o saber do que é quantificável. A rejeição do que há de virtual em qualquer forma de potência é, portanto, um movimento natural da modernidade. Espinosa e Descartes constroem, pois, a ideia paradoxal de um Deus "todo-poderoso" que seria inteiramente "em ato", isto é, plenamente realizado, isento de qualquer deficiência ontológica – Espinosa dá prosseguimento sozinho ao projeto identificando potência e ato nas coisas singulares. As dificuldades que a noção de "potência" pode colocar provêm, sem dúvida, dessa escolha de definir a potência por seu contrário, em vez de simplesmente renunciar ao uso do termo e do conceito.

Qualidade – quantidade
Lat.: *Qualitas – quantitas* – Fr.: *Qualité – quantité*

* Na mesma medida em que os termos "qualidade" e "quantidade" são raros na obra de Espinosa, os dois conceitos estão constantemente presentes. Como mostrou Martial Gueroult, Espinosa se distingue, entre os grandes racionalistas do século XVII, por sua intransigência na recusa da "qualidade oculta", símbolo para ele, assim como, em geral, para o espírito mecanicista moderno, de uma visão de mundo antiga e ultrapassada (V *pref.*, *Carta* 56) – tanto é que o espinosismo todo poderia ser lido como uma crítica da qualidade.

** A recusa da "qualidade oculta" leva Espinosa simultaneamente para a dupla via da pura qualidade e da pura quantidade. Constrói, primeiro, a noção de uma qualidade não oculta, "manifesta" (III 15 *esc.*), totalmente objetiva e acessível à razão: os "atributos", que já não são as dependências de um sujeito, mas os constituintes de uma substância. Como Deus, "que consiste numa infinidade de atributos" (I *def.* 6), é determinado essencialmente segundo a qualidade, vemos então Espinosa, de acordo com a lógica de seu gesto fundamental, mas contrariando a tendência geral de seu século, excluir de Deus (entendido como "natureza naturante" ou natureza causa) toda quantidade, desvalorizando ao extremo o número e a medida (I 15 *esc.*, *Carta* 12). No mesmo gesto, conquanto inversamente, Espinosa irá determinar a "natureza naturada" (ou natureza efeito) apenas do ponto de vista da quantidade: as "coisas singulares" ou "modos" são definidos por uma proporção "precisamente determinada" de movimento e de repouso (II 13 *def.*) e podem "compor-se" como forças (IV 18 *esc.*); os próprios "afetos" compõem-se e são fundamentalmente "aumentos" ou "diminuições" da potência de agir; os direitos dos indivíduos e os dos Estados são comparados em termos de suas respectivas potências; por fim, a liberdade só será alcançada pela "potência do entendimento" (V *título*), contanto que ela seja superior à dos afetos. No *Tratado político*, última obra de Espinosa, essas preocupações viram mesmo uma forma de obsessão quantitativa, nas contagens minuciosas das respectivas idades, das quantidades e das proporções das diversas categorias de cidadãos.

*** Assim, o espinosismo teria resolvido a questão da "qualidade oculta" desenvolvendo a expressão imanente de uma "natureza naturante" qualitativa numa "natureza naturada" quantitativa. A própria imanência dessa expressividade generalizada, que, por exemplo, permite instalar integralmente um Deus qualitativo no menor de seus modos, sem dúvida traz grandes dificuldades para o sistema. Mas a dupla orientação do espinosismo continua bastante legível na história de sua recepção, notadamente nas duas figuras, simultaneamente presentes no correr dos séculos, de um Espinosa qualitativo, tradicional e quase místico, e de um Espinosa quantitativo, moderno, materialista até.

Realidade, perfeição

Lat.: *Realitas, perfectio* – Fr.: *Réalité, perfection*

* "Por realidade e por perfeição entendo a mesma coisa" (II *def.* 6).

** Espinosa muitas vezes se ergue contra o sentido corrente (valorizador) do termo "perfeição": "não falamos [...] da beleza e das outras perfeições que os homens, por ignorância, quiseram chamar de perfeições. Mas por perfeição entendo somente a realidade ou o ser" (*PFD* I 7 *lema* 1 *obs*. 2). A perfeição, correntemente entendida (ou seja, em qualquer domínio que seja, uma realização rara e almejada), fica assim incluída entre os "modos de imaginar" que os ignorantes "consideram como os principais atributos das coisas, porque creem que todas as coisas foram feitas tendo em vista eles mesmos, e dizem que a natureza de uma coisa é boa ou ruim [...] conforme sejam afetados por ela" (I *apênd*.; ver também IV *pref*.). Portanto, o termo "perfeição" costuma vir reforçar o termo "realidade" (I 11 *esc*., II 1 *esc*., II 43 *esc*., II 49 *esc*. etc.), como se lhe fosse exatamente equivalente. Contudo, por motivos fundamentais, essa equivalência dista de ser sempre respeitada. No singular, "realidade" ou "perfeição" certamente designam, indiferentemente, a existência tomada nela mesma; mas somente "perfeição" é posto no plural, para designar "as perfeições", isto é, as características de uma coisa dada e já não sua existência. Esse emprego, muito frequente nos *PFD* (I *ax*. 5, I 7 *dem*.), também se acha numa passagem de *E*, quando Espinosa evoca "as perfeições do amor" (V 33 *esc*.). Mais ainda, os empregos "valorizadores" do termo "perfeição" não são raros em Espinosa: nas últimas páginas do *TEI*, por exemplo, ele declara querer "dirigir todas as ciências para um só fim e um só objetivo, que é chegar nessa *suma perfeição* humana" de que falou anteriormente (*TEI* § 5; ver também *PFD* I 15 *esc*.: "afirmar", "agir" são "perfeições"). O mesmo tema aparece em *E* IV *pref*., quando Espinosa, relacionando de antemão os homens com um "modelo" da natureza humana que pretende construir, declara que dirá os homens "mais perfeitos ou mais imperfeitos na medida em que se aproxim<ar>em mais ou menos desse [...] modelo" – e isso a poucas linhas de uma passagem em que acabou de denunciar uma vez mais o emprego "valorizador" do termo "perfeição".

*** O legado cartesiano tem forte peso sobre a ligação entre realidade e perfeição. Espinosa recupera de Descartes não só a identificação das duas noções (Descartes, *Segundas objeções*, *ax.* 4), mas também a noção de "graus de realidade". Na *Ética*, os "graus de realidade" têm decerto uma função menor, comparada com aquela que Descartes lhes dá nas *Meditações*: ainda assim, permanecem presentes (I 9, I 10 *esc.*, I 11 *esc.*, I 16 *dem.*, II 13 *esc.*, III *def. ger. af. expl.*, V 40 e *dem.*). Ora, se existem graus na realidade e, portanto, na perfeição, não pode deixar de haver imperfeição.

Ser
Lat.: *Esse, ens* – Fr.: *Être*

* Em Espinosa, assim como em toda a filosofia clássica, a questão é saber se "ser" tem ou não tem um sentido único.

** O infinitivo *esse* (être [ser]) tem em geral em Espinosa, de acordo com o uso do latim, valor de ligação ou de cópula (I 16 *cor.* 1, 2, 3 *et. al.*). Mas o verbo é frequentemente substantivado: "Toda coisa se esforça, tanto quanto está em si, por perseverar no *seu ser*" (III 6: *unaquaeque res, quantum in se est, in suo esse perseverare conatur*; tema central: ver III 7 e *dem.*, 8, 9 e *dem.*, 37 *dem.*, 57 *dem.*; IV 4 *dem.*, 5 *dem.*, 7 *dem.*, 8 *dem.*, 18 *dem.* e, sobretudo, *esc.* 20). Esse "ser" das coisas é a "realidade" delas (I 9, 10 *esc.*: *realitas sive esse*), ou seja, tanto a existência delas, o fato de que existem (de que são: I 24 *cor.*), quanto sua "natureza" (o que são: IV 20; ver também *Pensamentos metafísicos* I 1 e 2). Nos *Princípios da filosofia de Descartes*, como em seguida na *Ética*, Espinosa distingue "o ser formal" <*esse formale*> das coisas (II 5 ss.) de seu "ser objetivo" <*esse objectivum*> (II 8 *cor.*), melhor dizendo, as coisas "tal como são", das "ideias" dessas coisas (*ibid.*), ou dessas coisas enquanto representadas. Um corpo pode, portanto, existir "formalmente" (na natureza) e "objetivamente" (por representação, quando penso nele); o mesmo se aplica a uma ideia, na qual distinguir-se-á um "ser formal" (a ideia considerada em si mesma) e um "ser objetivo" (a ideia da ideia). Na *Ética*, Espinosa tende a deixar de lado a questão bem cartesiana da comparação dos "graus de realidade" entre "ser formal" e "ser objetivo".

Espinosa entende por Deus um *ens absolute infinitum* (I *def.* 6): um "*ser* absolutamente infinito" para todos os tradutores, exceto para Pautrat, que propõe, considerando o particípio presente *ens*: "um *ente* absolutamente infinito"[1]. Com efeito, Deus nunca é determinado, em Espinosa, como *esse*, "ser", e sim como *ens*, "ente". Um *ens* é uma coisa (comparar *Carta* 9 e *E* I 9): Deus tem um *esse*, mas é um *ens*. Portanto, seria mais rigoroso traduzir sempre *esse* por "ser" e *ens* por "ente". Contudo, isso muitas vezes iria contra o uso do francês. Quando, por exemplo, Espinosa diz da ideia falsa que ela se distingue da verdadeira *ut ens ad non ens* (II 43 *esc.*), todos os tradutores (inclusive Pautrat) leem "como o ser do não-ser", e não "como o ente do não-ente", que seria mais exato, mas menos claro. Nesse mesmo sentido, em francês designa-se usualmente por "ser" (e não por "ente") "de razão", "de imaginação" ou "forjado", o que Espinosa chama *ens rationis, ens imaginationis* e *ens fictum* (*Carta* 12, *Pensamentos metafísicos* I 1, *E* I *apênd.*). Mas é de fato a respeito de "coisa" ou de "ente" (*ens*), e não de "ser" (*esse*) (ao contrário do que se poderia supor à primeira vista), que Espinosa fala de "termos transcendentais" (II 40 *esc.* 1) ou de "gênero generalíssimo" (IV *pref.*), para deles se afastar: pois é sempre equivocadamente que se generaliza a partir de um "ente", ou de um *ens*, ou seja, a partir de uma coisa singular.

*** Portanto, o imanentismo espinosista, que tende por natureza à univocidade do ser (de tal modo que o ser de Deus em nada difere do ser das coisas singulares finitas), só encontra seu limite na doutrina cartesiana dos "graus de realidade", muito presentes nas primeiras obras e nunca abandonados posteriormente, embora progressivamente marginalizados.

1. Em português, a tradução mais corrente para *ens* é "ente". Por isso mesmo é usual falar-se, por exemplo, em "ente de razão"; ao contrário do que ocorre no francês, como se verá logo [N. da R.T.]

Útil, utilidade, uso
Lat.: *Utilis, utilitas, usum* – Fr.: *Utile, utilité, usage*

* A noção de utilidade é uma das noções centrais do espinosismo considerado do ponto de vista ético. O útil define o "bom" (IV *def.* 1) e vincula-se à "concordância em natureza" ("ao homem […] nada é mais *útil* que o homem" – IV 18 *esc.*), de tal forma que a busca do "útil próprio" <*suum utile*>, que coincide com a do "útil comum" <*commune utile*>, é paradoxalmente o próprio fundamento da moralidade (IV 18 *esc.*; IV *apênd.* 32).

** A noção de "utilidade" está associada a todos os conceitos fundamentais de seu sistema. O próprio engajamento na filosofia é descrito como uma solução para o problema da busca do "útil" (*TEI* § 2, 4, 6), ao passo que Espinosa insiste com frequência na "utilidade" de sua doutrina (*BT* II cap. 18, *E* II 49 *esc.*). A "utilidade" está ligada à razão não no seu aspecto calculista ou interessado, mas no seu aspecto moral ou absoluto (IV 35 *cor.* 2), pois a racionalidade reúne tanto quanto a afetividade separa. Ela não se distingue do "ser" (IV 20); em termos mais gerais, em cada um, a potência, o esforço despendido para procurar o "útil" e a perseverança no ser são estritamente identificados (IV 24). Por isso, o "útil próprio" está no fundamento da virtude e da realização ética: o conhecimento de Deus é o "sumo útil" da alma, "ou seja", acrescenta Espinosa, "seu sumo bem" (IV 28 *dem.*) – de modo que a beatitude (IV *apênd.* 4), a alegria (IV *apênd.* 31), a virtude toda (V 41 *dem.*) veem-se finalmente resumidas na "utilidade".

Para resolver o paradoxo segundo o qual "quando cada homem procura, ao máximo, o que lhe é útil é que os homens são mais úteis uns aos outros" (IV 35 *cor.* 2), Espinosa distingue o "parcialmente útil" do "globalmente útil", segundo os graus de uma concordância em natureza (IV 71 *dem.*), que podemos explicitar como "comunidade de espécie", no sentido biológico do termo (IV *apênd.* 9), mas que não se reduz a isso: os animais, mas também as plantas, os adornos etc. também nos podem ser "úteis". Espinosa prefere então falar de "uso" (*usum*:

IV 37 *esc.* 1; IV 45 *esc.* 2; IV *apênd.* 26). Essa doutrina dos graus de utilidade envolve um pessimismo, porque a coisa mais útil aos homens, ou seja, a comunidade dos homens racionais, ainda não está realizada, ao passo que cada um de nós encontrará inevitavelmente um dia uma coisa singular nociva a ponto de destruí-lo (IV *ax.*). A política espinosista está igualmente estruturada segundo o "útil próprio" e o "útil comum", seus acordos e seus conflitos. Assim, em IV 37 *esc.* 2, o "direito natural" próprio a "cada um" vê-se determinado pela "utilidade", sendo que a própria noção de "utilidade comum" parece desqualificada de antemão, junto com a própria noção de "comunidade" (IV 54 *esc.*; IV *apênd.* 17; *TTP* XVI). A única maneira concebível de harmonizar a utilidade de cada um com a utilidade comum será, portanto, que cada qual ache mais útil para si próprio viver em comum com os outros do que ficar só: somente uma utilidade superior poderá suplantar uma utilidade inferior. Portanto, não espanta ver Espinosa definir o pacto social primeiro por sua "utilidade" (*TTP* XVI: "nenhum pacto pode ter força fora da *regra da utilidade* e, desaparecida esta, imediatamente o pacto fica abolido e sem eficácia" etc.). Temos aí uma razão suplementar para entender o desaparecimento de toda referência, no *TP*, a um "pacto" social presente no *TTP*. Com efeito, todo pacto supõe uma ruptura qualitativa entre um estado de natureza e um estado social, ao passo que em Espinosa há uma hierarquia quantitativa contínua dos graus de potência dos corpos políticos: um corpo político restrito demais, pouco potente demais, não oferecerá uma "utilidade" superior, para cada um, àquela que ele próprio pode conseguir. Esses corpos políticos não terão perenidade nem estabilidade nenhuma. Em contrapartida, certas associações apresentarão o grau de utilidade que faz preferir necessariamente a vida social: mas, em todos os casos, não haverá ruptura nenhuma, nem nas motivações, nem nos comportamentos (*TP* III 3) e, portanto, a cesura do pacto se revelará, em todos os casos, teoricamente inútil.

A noção de "utilidade" é, apesar de tudo, o alvo central, para não dizer único, dos violentos ataques de *E* 1 *apênd.* De fato, aos olhos de Espinosa, a crença na finalidade provém de uma extensão indevida, à natureza toda, da motivação primeira dos homens (precisamente a busca da "utilidade"), na confusão do "útil próprio" (III *def. af.* 1 *expl.*) com o "útil verdadeiro" <*verum utile*> (I *apênd.*; IV 57 *esc.*; *TTP* XVI; *TP* II).

*** A procura do "útil próprio" conduz, portanto, ora, pela afirmação da potência de cada coisa singular, até a vida política, a vida livre e a beatitude, ora, na ilusão, à servidão – a noção de "utilidade", eixo do sistema, revela alternadamente numa báscula sem fim o caráter ora fugaz e ilusório, ora real e estável, entre as coisas singulares, das "concordâncias" ou das "similitudes" (ou seja, em suma, das qualidades) objetivas.

Vida
Lat.: *Vita* – Fr.: *Vie*

* *Ética* IV 67: "Um homem livre em nada menos pensa que na morte, e a sua sabedoria não é uma meditação da morte, mas da vida."

** Em Espinosa, nunca encontramos "dialética" ou "ciclo" da vida e da morte. A morte não é o termo natural da vida, a vida não provém da morte, assim como não tira proveito de evitá-la (IV 63): aí, mais que em qualquer outro lugar do sistema, revela-se a diferença entre o espinosismo e toda forma de religiosidade ávida de encontrar, no próprio vivente, as marcas da finitude, do declínio, do desaparecimento, com seu cortejo de medo e de esperança. Nesse sentido, a doutrina espinosista da vida não é nem teológica, nem mesmo biológica, mas lógica e ontológica, ainda que vez por outra se remeta a Deus: "por 'vida' entendemos, portanto", declara Espinosa nos *Pensamentos metafísicos* (II 6), "a força pela qual as coisas perseveram em seu ser e, como essa força é distinta das coisas mesmas, é legítimo dizer que as coisas mesmas têm vida. Mas a força pela qual Deus persevera em seu ser nada mais é que sua essência; portanto, falam muito bem os que chamam Deus 'a vida'". Pode-se, sem dúvida, ver aqui, a exemplo do saudoso Sylvain Zac, motivos para reduzir "o esforço por perseverar no ser" à vida e, por isso, considerar o espinosismo fundamentalmente uma filosofia da vida. Na realidade, porém, é antes a vida que é reduzida por Espinosa ao esforço universal das coisas por perseverar em seu ser, pois Espinosa não reduz o ser à vida, mas a vida ao ser. Com efeito, a vida é, para ele, como a essência, princípio lógico e ontológico de identidade e de permanência, a tal ponto que o suicídio lhe parece impossível porque logicamente contraditório: "ninguém, pela necessidade de sua natureza e sem ser coagido por causas externas, se recusa a se alimentar ou se suicida <*vel se ipsum interfecit*> [...]" (*Ética* IV 20 *esc.*). Nosso desaparecimento, inevitável de um ponto de vista estatístico (IV *ax.*), mas não de um ponto de vista essencial, será sempre acidental. Assim, quanto mais realizamos (ou seja, quanto mais somos conscientes de nós mesmos, de Deus e das coisas), menos a morte nos concerne.

*** Na filosofia de Espinosa, portanto, a busca da eternidade não exclui a possibilidade da imortalidade, já considerada por Descartes nas últimas páginas do *Discurso do método*: pois toda vida, considerada nela mesma, é imortal.

BIBLIOGRAFIA

As interpretações encontradas neste *Vocabulário* são fundamentadas e desenvolvidas em nossos outros trabalhos dedicados a Espinosa.

Espinosa, *Traité politique*, tradução do texto latino, introdução, notas, glossários (no âmbito da edição e tradução das *Obras completas* de Espinosa, organizada por Pierre-François Moreau). Paris, Presses Universitaires de France, col. "Épiméthée", 2005.
Ramond Charles, *Qualité et Quantité dans la philosophie de Spinoza*. Paris, Presses Universitaires de France, col. "Philosophie d'aujourd'hui", 332 p., 1995.
Ramond Charles, *Spinoza et la Pensée moderne – Constitutions de l'Objectivité* (prefácio de Pierre-François Moreau). Paris, L'Harmattan, col. "La philosophie en commun", 384 p., 1998.

Consultamos os seguintes instrumentos e obras:

Bouveresse Renée e Moreau Pierre-François, índice informatizado do *Traité politique*, in Espinosa, *Tractacus politicus/Traité politique*, texto latino, tradução de P.-F. Moreau, índice informatizado por P.-F. Moreau e R. Bouveresse. Paris, Répliques, 1979.
Deleuze Gilles, *Index des principaux concepts de l'Étique*, in Gilles Deleuze, *Spinoza, Philosophie pratique*, pp. 63-148. Paris, Les Éditions de Minuit, 1981.
Giancotti Boscherini Emilia, *Lexicon Spinozanum*. Haia, Martinus Nijhoff, col. "Archives Internationales d'Histoire des Idées", 28, 2 vol., 1970.
Guéret Michel, Robinet André, Tombeur Paul, *Spinoza. Ethica. Concordances, Index, Listes de fréquences, Tables comparatives*. Louvain-la Neuve, CETEDOC (Centre de Traitement Électronique des Documents de l'Université Catholique de Louvain), 1977.

LISTA DOS TERMOS EM PORTUGUÊS

Absolutamente 9
Absoluto(a) 9
Absurdo 10
Acompanhar 11
Adequada 13
Afecção 16
Afeto 17
Afirmação 20
Alma 22
Amor 24
Atributo 26
Aumentar – diminuir 28
Conhecimento (gêneros de) 29
Contingente 58
Desejo 32
Deus ou a Natureza 33
Ente 35
Essência 35
Estado 38
Eternidade 41
Impossível 58
Inadequada 13
Indefinido 46
Indivíduo 44
Infinito 46
Liberdade 47
Método 49

Modelo	53
Modo	55
Necessário	58
Ordem	60
Perfeição	67
Possível	58
Potência	63
Qualidade – quantidade	66
Realidade	67
Ser	69
Uso	71
Útil	71
Utilidade	71
Vida	73

LISTA DOS TERMOS EM LATIM

Absolute 9
Absolutus 9
Absurdus 10
Adaequata 13
Aeternitas 41
Affectio 16
Affectus 17
Affirmatio 20
Amor 24
Atributum 26
Augere – minuere 28
Concomitor 11
Contingens 58
Cupiditas 32
Deus sive Natura 33
Ens 35, 69
Esse 35, 69
Essentia 35
Exemplar 53
Genera cognitionis 29
Imperium 38
Impossibilis 58
Inadaequata 13
Individuum 44
Indefinitus 46
Infinitus 46
Libertas 47

Mens	22
Methodus	49
Modus	55
Necessarius	58
Ordo	60
Perfectio	67
Possibilis	58
Potentia	63
Qualitas – quantitas	66
Realitas	67
Usum	71
Utilis	71
Utilitas	71
Vita	73

LISTA DOS TERMOS EM FRANCÊS

Absolu(e) 9
Absolument 9
Absurde 10
Accompagner.. 11
Adéquate 13
Affect.. 17
Affection... 16
Affirmation 20
Âme... 22
Amour... 24
Attribut... 26
Augmneter – diminuer... 28
Contingent 58
Connaissance (genres de)... 29
Désir.. 32
Dieu ou la Nature 33
Essence 35
État... 38
Éternité... 41
Être... 35, 69
Impossible 58
Inadéquate 13
Individu 44
Indéfini 46
Infini 46
Liberté 47
Méthode 49

Mode	55
Modèle	53
Nécessaire	58
Ordre	60
Perfection	67
Possible	58
Puissance	63
Qualité – quantité	66
Réalité	67
Usage	71
Utile	71
Utilité	71
Vie	73

ÍNDICE REMISSIVO

Os termos que figuram abaixo na coluna da esquerda são evocados ou definidos nos verbetes listados na coluna da direita.

Alegria, Tristeza	Afeto, Afecção, Aumentar-diminuir, Desejo, Potência
Amor-ódio (*amor-odium*)	Afetos, Aumentar-diminuir, Desejo, Alegria-Tristeza, Potência
Apetite (*appetitus*)	Beatitude, Desejo
Apetite sensual (*libido*)	Beatitude, Desejo
Aristocracia	Estado
Asilo da ignorância	Deus ou a Natureza
Ativo/passivo	Afecções, Afetos
Autômato espiritual	Liberdade
Bem/mal, Bom/ruim	Útil
Causa de si, Causa final	Deus ou a Natureza
Ciência intuitiva (*scientia intuitiva*)	Conhecimento, Indivíduo
Coisas singulares (*res singulares*)	Deus ou a Natureza, Indivíduo, Modo
Comando (*imperium*)	Estado
Consciência	Desejo, Método
Consentimento (*acquiescentia*)	Alma, Liberdade
Contentamento (*gaudium*)	Alma, Liberdade
Corpo	Alma, Deus ou a Natureza, Eternidade, Indivíduo
Crença	Conhecimento
Democracia	Estado

Dinheiro (*pecunia*)	Acompanhar
Direito	Estado
Ente	Ser
Entendimento (*intellectus*)	Alma, Conhecimento, Deus ou a Natureza, Liberdade
Espírito (*mens, spiritus*)	Alma
Experiência, experiência vaga	Conhecimento, Eternidade
Exprimir, expressão	Atributo, Deus ou a Natureza, Modo
Extensão (*extensio*)	Alma, Atributo, Quantidade
Extrínseco, intrínseco	Acompanhar, Adequada, Alma, Deus ou a Natureza, Método
Graus de realidade (*gradus realitatis*)	Ser, Realidade
Ideia	Adequada, Alma, Conhecimento, Método
Imaginação, Imagem (*imaginatio, imago*)	Afirmação, Conhecimento
Império (*imperium*)	Estado
Indefinido (*indefinitus*)	Infinito
Marca (*index*)	Adequada, Método
Milagres	Deus ou a Natureza
Monarquia	Estado
Multidão	Estado
Mutiladas e confusas (ideias)	Adequada
Noções comuns	Conhecimento, Indivíduo
Norma	Adequada, Método, Modelo
Opinião	Conhecimento
Ouvir dizer	Conhecimento
Panteísmo	Deus ou a Natureza
Paralelismo	Alma, Atributo, Ordem
Pensamento	Alma, Atributo
Perfeição, imperfeição	Modelo, Realidade
Perseverar	Ser
Razão	Alma, Conhecimento, Liberdade
Regime	Estado
Servidão (*servitus*)	Afetos, Liberdade
Soberania	Estado
Substância	Atributo, Deus ou a Natureza, Modo
Tanto quanto está em si (*quantum in se est*)	Essência, Ser
Verdade, Verdadeiro	Adequada, Conhecimento, Método
Vontade	Deus ou a Natureza, Essência, Liberdade